Praise for Cathy Xinman's Poetry
对心漫（Cathy Xinman）诗歌的赞扬

That is more of a body, mind, and spirit collection that will touch your heart, heal your soul and make your mind venture into realms never imaginable. Soothing poetry on a different level than anything I've read so far. Inspiring!!

（心漫的诗集）具启发性，更像是一个身体、心灵、精神的集合，它会触动你的心灵，治愈你的灵魂，让你的思维探索前所未有的领域，带来的抚慰不同于我迄今阅读过的任何作品，令人备感鼓舞！

-- Goodreads(review)
--最大的读书推荐网
Goodreads评论

Cathy Xinman's verses flow with a rare beauty, goodness, purity, and romance that is unforgettable.

心漫的诗行中流淌着一种少有的美善纯情和浪漫，令人过目难忘。

-- cwpressReviews

Flowers Kiss the Volcano

花吻火山

The First Book On Poetry Writing You'll Ever Need

你需要的第一本诗歌探索书

Flowers Kiss the Volcano

花吻火山

Author: Cathy Xinman

心漫 著

加拿大北美作家出版社

Canadian North America Writers Press Inc.

Flowers Kiss the Volcano: The First Book On Poetry Writing You'll Ever Need

花吻火山:你需要的第一本诗歌探索书

心漫(Cathy Xinman)著

Copyright ©2023 by Canadian North America Writers Press Inc.

All rights reserved, including the right to reproduce this book or portions thereof in any form whatsoever. For information, contact the publisher at: cnawriterspress@gmail.com or info@cnawriters.com.

Flowers Kiss the Volcano: The First Book On Poetry Writing You'll Ever Need

Cathy Xinman, author.

Poems and Poetry Writing.

Interior design 内页设计by Fang Bao & Shiming Wong

Cover design 封面设计by Les T

Published by Canadian North America Writers Press Inc.

Library and Archives Canada

本书由加拿大北美作家出版社出版

版权所有 侵权必究

加拿大图书档案馆

国际标准书号ISBN 978-1-7773970-8-1(Paperback)

ISBN 978-1-7773970-9-8 (ebook)

谨以此书献给

三年后，经历的黑夜

活着，她需要的光线

§

Three years later, the darkness experienced

Alive, the light she needs.

那无法挣脱生命肉体的暂时性，
让她的困惑与不安、羁绊与摸索指向宇宙，
有了呼喊。

§

Unable to escape the temporary nature of the
flesh, her confusion and unrest,
her constraints and explorations, point towards
the universe with a cry.

目录

引言	15
1 爱是如此复杂	**27**
我很心疼，樱花开了	28
复活的爱	34
时光的限制与珍惜	38
珍惜每分每秒	42
2 像一个孩子笑啊	**45**
用右手将我怀抱	46
二十个爱我的人和一个我爱的人	48
春歌	50
来到雪后宁静的小路	53
该隐	58
三月之夜	61
哪一样，你可以抓住	63
女人的子宫	65
诗人的荒谬	68
康龄颂	71
爱，无论我多么不可爱	73

满怀希望的春天	77
夏令时的第一天	82
文森特·威廉·梵高	
（Vincent Willem van Gogh）	84
春天，我需要你	86
我一直在找不喝水的理由	89
雪在草的伤疤上撒盐	91
经历	93
从前说大雁传情	95
甜与苦，你从不迷路	99
做一个不想瞎眼的人	107
用东方口音的诗句祈祷	112
爱	120
智慧鸡汤	123
硅谷银行逐渐升华	128
故事的余音	134
青春的故事	137
真理与虚构	139
磨难与成长	142

3 一朵花的勇气   **145**

写给新年的信   146

新年，让我带美酒到你唇边   147

天生万物玉兔报春   149

《花吻太阳》：一朵花的勇气   152

我祈求不放弃的希望   156

世间除了快乐和痛苦   161

4 爱与痛苦   **163**

经历与意义   164

黑暗中的相遇与分离   168

挫折与成长   175

父亲   179

清明   185

心爱，快来   191

爱与生命的奇妙   194

今天下了七次雨   200

宝贵的瞬间   202

露易丝湖的春天   206

穿越落矶山脉   211

5 诗歌的滋养   **219**

    感恩自然   220

    寻找蒲公英   224

    你无法扑灭一种火   228

    无动于衷的热浪   231

    黑暗离谱   234

    谦卑的颂歌   237

    诗歌的滋养   240

    重建心灵   244

    花吻火山-你需要的诗歌探索第一本书   249

    作者简介   262

引言

你要是真想知道,她生命的美丽、温柔和脆弱,爆发、破坏和激情,我一定不能隐瞒奇特的情感和对立、柔弱与力量、和平与动荡,其爱与毁灭、美丽与破坏之间的对立和融合,这将会引起你的好奇。

火山确实跟花见面了,花吻太阳时,它有爱上花了,要说接下来最可能发生的事,最好要铺垫一点我与它们的私事。我花了很多年才明白,花是不会生气的。无论我把它放到太阳下,还是火山口,它真是好脾气。我还不知好歹每天找不喜爱大自然的理由,找不爱花的理由,找不喝水的理由,找不写诗的理由,可它们并没在听,我不能再说下去。你要是不介意的话,让我直接说,那些嫩的、老的、瘦的、胖的花草,都会看着我,我像是得到了天大的恩惠,喜欢用花来表达自我,我知道它们很快乐,我不能一一叫唤名字,却跟我一起想诗人的心事。我跟它们确实很亲密,那么寂静那么孤独。你爱我忧伤的眼睛只为坚强痛苦吗?

我的眼睛向它们暗示:"拿诗歌来吧。"

它们抬起头来看我,还不住地探过来:"你今天过得怎么样,我很想知道。"

我心里努力不告诉它们那些烦人的事："**好得不能再好了，你肯定不喜欢正在发生的一些事，可我实在受不了了。**"

我又在想一些别的事，控制不住不去想，夜晚更加活跃，在脑细胞表层。有一朵花总会听我说："希望你知道我的辛苦，让我着迷。希望你帮我打开灯，我居然害怕，还有人会中伤我们的亲昵举动，就让我们在太阳下相亲，天赐万物，宇宙与生存，我的爱，我的花，都在成长，在文学的宝库里，它们永不会穷困潦倒。"

"你真好！"我说，我不知我得了什么安慰，说了什么。但我说的是心里话。我的头脑像火，聚集了火山的能量。

"不要让我爆炸，可你真是太好了，可以让我释放。你一定是个非常可爱的孩子。"我说。

"对，我还没有成熟。一切都是未完成。"

我们走了很长的路，我忘记了原来有火山，有可能爆发。花亲吻火山，真是了不起。

我知道，很多人喜欢有权有势有名的人，我没有发言权，也没有资格评论。

我爱看水，爱看草，爱看鸟，它们总在说我似懂非懂的东西，到我灵魂深处，我们就像朋友、恋人、亲人，我百看不厌，天天挂念。我爱看不说透的事物。

我不爱看好多东西，我越来越限制眼睛的获得，包括知识，包括智慧。我专注给我灵魂对话的，激发自信和能力的，让内心平静的。**我必须限制自己，生命的意义在心灵里、诗行里才会脱颖而出。**我以前相信知识与聪明、智慧与文化成正比关系。当大家谈智慧与聪明之异，谈眼光与格局不同，谈大智慧和小聪明，谈云泥之别时，我心里就慌，因为我看到爱自己的能力在削弱。当我写英文诗集《你爱自己的地方》(Where You Love Yourself)前，我没有意识到爱自己是多么重要，包括写诗，我爱诗吗？爱！我爱写诗吗？爱！发自内心的创作是我喜爱的。

"你干吗不回家呢，小鹅。"我看到春天里的鹅爸妈，它们的孩子长得那么漂亮，情不自禁问。

它们没有回答我，自顾自在草地上走来走去。

"你可知道，你又捉到了一首诗。我还以为是我捉到了童年呢。"鹅妈妈好像听到了什么，它的脖子往前，左右张望。

诗歌像闪电，一下子从我头脑里站起来："吻我一下。你的诗集《花吻太阳》，让我没有时间哭。"火山立马从远方赶来观看热闹。

我有点想早打发它走。这一点你一定不相信，我早就被它控制了。我没有主动爱过它，但当我的眼睛，稚嫩的心在大自然中对话时，我们是沉默的，是寂静的，是一体的，我不知道，心能够装得下多少，这个世界有多大。

　　人类喜欢走近童年，对于我，就是大自然的感觉，就会有一种幸福，一种珍贵，我恨不得要把它们藏住，既然只能相爱。可它老想着把自己打开，用语言、用文字、用意象、用诗，就像纸包不住火，藏不住，真宝贝就是在瓦器里总是会发光。这些光芒迫使我要不停地写，我不能否定我是被迫写诗，也不否定，一旦我进入到诗里，我与诗的感觉好极了，已是我在想方设法怎样把这些光彩美好地释放，好像我们都被自己囚禁已久，孤独已久，爱恋已久。我们都在等火山怎样爆发，那一刻，它的能量刚好点燃。我喜欢用爆破力描绘语言的自然突发力。喜欢爆破音先形成的阻碍，然后气流迅速冲破阻碍而发出，我看重的是欲扬先抑的修为。古人云："只此修为，直造圣域。参之经典，无不吻合，不必求之多闻多识之中也。"可惜的是，世界的喧嚣一天一天在增长，夸夸其谈者或故作深沉者有的是，我也难逃此嫌。

　　我一直看不透大自然，它无时无刻不在自我创作和更新，没有人可以否定大自然的生命力。我相信它会因我的眼

睛而快乐，因为它总给我获得属于自己的快乐和幸福。我享受这种悦己眼目的感动，并由此而爱自己。我想，如果世上每一个人都能看重自爱，爱这一种不损人而利己的个人利益，如果人人都自爱，世界也会比现在美到奇妙了。我相信大自然也是爱自己的，不然，人类一旦打乱它或不按它的天性办事，它的反应也是爆破力惊人的。

我一直想在大自然中触摸感悟，我总是想听它沉默的话语，我不知道怎么说话时，我打开我的两只耳朵盲目地听。感谢天，我也有一双眼睛，在大自然中，我从来不会怀疑沉默的价值，孤独的意义，自我的富有。我仔细琢磨我开口说话的能力，我常常无话可说，我常常像一个少年，学说很机智的话。我不必须说话，不必须回复，我还没有失去天真。语言在大自然面前，没有起哄的欲望，没有专家放出的豪言，没有文字摘取的桂冠。世上沸沸扬扬，天下风风雨雨，我爱山的快乐，海的沸腾，我感恩我是一个爱青草、爱花、爱叶、爱大自然的人。因此我看到大爱，看到恩典，看到自己。

印象派画家喜欢画阳光下的景色，他们接受不了梵高心灵里面的色彩与线条，到头来，结果又如何？梵高，一个热爱自然同情人类的平凡人，他的画，他的向日葵，他的星空，每一个热爱自然、热爱生活的人应该都能看懂。

美善是贵重的礼物，感恩是我的品格。因着这么多如云彩的见证激励，我继续向前写出人类心灵的真、美、善。**人间缺高贵，诗意缺灵魂，人生缺意义。当我渴求不朽解决我追问终极的泪水时，平庸是我理解的对生命的不严肃与挥霍。**在寻求高于生命的人生目的的迷惘中，那无法挣脱生命肉体的暂时性，让我的困惑与不安、羁绊与摸索指向宇宙，有了呼喊。

当我珍惜我的时间与生命时，诗让我对它的奉献有了慷慨回报和幸福感。诗歌是人类追求较高精神生活品质的传统与经验、财富与智慧，在这种维度上的我体悟呈现诗歌，使我有了超越的精神追求和与宇宙精神对话与表达的能力，也让人生从不由自主陷入琐屑的烦恼和平庸的忧患之后，在只有上天才能看清楚的尘埃中，得到愉悦的自由感。

语言是有限的，也是无能的，沉默无语的时候，也许是语言干大事的时候。人未免寂寞，在沉默中孕育的创作与

诞生的主人，是懂得沉默价值的人。我爱看水，爱看草，爱看鸟，无边无际，这是这个星球上主流的大部分。"宠辱不惊，看庭前花开花落；去留无意，望天上云卷云舒"，说人生就进入了一种高远境界，我认为这是进入了一种无奈境界。爱自然爱花草的人，爱看天看云的人，花开花落时你没有惊讶过吗？云卷云舒时你没有惊喜过吗？一个听懂了大自然语言的人，他一定也更懂得如何反应并用大自然给自己的话语，用那些神秘的声音，去洗、去化、去解人生宠辱。人生会习惯在一种落差里找到平衡，大自然给的震撼，正好让失落的低谷不会再失去永远的再起的阙如了。

我偏爱不爱用语言把看到的、想到的东西说透，**我想我是痛苦的，因为我让没有说出来的那部分在我的精神世界里沉默**，因为听者需要联想和跳跃，才能猜得到我回答的是什么。我为留白辩解过，但辩论的结果只能让自己显示更懦弱。我相信人类还没有足够能力说透自然说透自己。大自然单凭它的沉默，就向我奉献了万物的好处，我还有什么不感恩、不知足、不感谢还有人愿意着我听我读我那些沉默的拙讷呢。

聂鲁达在他的散文里说："海螺是我住所里最沉默的居民。从前海螺连年在大海里度过，养成了极深的沉默。如今，近几年的时光又给它增添了岁月和尘埃。可是，它那珍珠般冷冷的闪光，它那哥特式的同心椭圆形，或是它那张开的壳瓣，都使我记起远处的海岸和事件。"

这是三月的一个午后，人类挣脱口罩束缚的阳光已明朗。人们可以不需要再揣摩，明显地看清对方，比如，嘴巴很大，鼻子很小。我们可以认出彼此。看来认清人，不仅需要看眼睛，还需要看鼻子嘴巴。但内心的东西，你看得到、看得清吗？还是不要打通电话吧。谁能担保你不会遇见糟糕的东西。太阳很大，那天很冷，你受伤的眼泪，不是说来好笑的。

"让我摸摸你的额头看看，你在发烧吗？据我所知，火山已经很热了。"我站在一朵花的身边说，希望它看得清我。我不想它被热火毁了。

我又摸摸我的诗歌，比我的体温高很多，我希望我可以警告它，你不能让我说胡话。

可我想哭，希望不要把你吓着了。我一般用左边眼睛先流泪。

走近花的湖边，一群鸬鹚从多伦多飞来了，也许是从温哥华岛飞来的呢。它们看起来还像是不熟悉新的湖水，声张虚势地站住湖面的木头上，张开翅膀，既不放下，也不敢弯腰喝水、找小鱼。阳光下，大乌龟是本地的主人，它正趴在伸向湖面的枯木的尽头晒太阳，头快低到水面了，我想它的头上一定也缩着一对小眼睛，一定是在紧张偷偷地观看新来的鸬鹚。两只鸬鹚与它面对面，在乌龟的右前方，隔两米不到的距离，鸬鹚也许在想：我一头冲进去，乌龟的头会不会缩得更深，它的硬壳会不会把我吞吃了呢？

我感觉我像个小孩子，我很高兴看到这种平静下的喜悦，我左边的眼睛好像得到了疗愈，我想我体温升高了，我不能去摸摸乌龟。**再说，我的诗歌正在火山口奔腾，我需要赶快收集火焰。**

"喂，"我说，"你想写诗吗，有火焰在我心里流淌。"

"当你还是个很小很小的毛孩子的时候，我就爱上了你。"感恩了不起的耳朵，我居然听见那朵花在对我说话，居然认出了我。我的右边的眼睛摆好了流泪的姿势。

今天，我又去湖边看了它们，太阳依然不错，乌龟与鸬鹚的位置依然不变，只是乌龟的左边多了一只轻松的、看风景的鸬鹚，昨天站在木头上，一直把翅膀打开的鸬鹚已怡然。我想它已相信乌龟是不能吞吃的，它也不需要打开翅膀

做出战斗的样子。乌龟也抬起了它骄傲的头，我想它也明白了，这片湖水，它还是主人。

在万物隐形的能量里，我只能加上我的沉默，并自信地加上它的价值，还加上我盲目的直觉，可供我自勉。千山万水，我看山看水，沿着湖边走圈，我边走边想我的诗意：我一直在找不喝水的理由。这是古老大地上的一汪水，是雪山流下来的一汪水。我为什么一直需要喝水，现在已稀有人戴着口罩走湖边了。我们曾戴着口罩喝水，我们曾被地球禁锢，我们现在是否已抵达自由，没有水我不需要水该多好吗？没有我的叹息，水该多美吗？

我一整天都在想，我为什么需要喝水，我为此感到痛苦，因为我一直在找不喝水的理由，不喜爱大自然的理由，正如我每天在找不写诗的理由。我看到春天毫无理由，吹绿了树，吹开了花。太阳毫无理由充满了大地，花草。还有鸟也总是爱叫，鸟，你的叫声是什么时候开始的？是在我不喝水，不看水，不说话的时候吗？是看到我从不思考——我存在这个世界的理由，活着意味着什么吗？

诗人，不断叩问的人生之谜，无解之惑，将一直在人间寻找；一切爱诗、写诗、读诗、赏诗、析诗、解诗、评诗、论诗的人们，这是我们追求的精神轨迹，这是我们保留的成果，这是我们人类精神生活的传承与管道；这是我们的勇敢、意志，对生命的爱和讴歌，是对更奢侈的精神生活领域的保留与守护。

文学塑造的人类，让我们在历史的某个关联点上交会后，在经历2020年初全球大灾难卷入的一波三折后，三年后再次相遇。疫情历史亲历者，在勾画的大图画里，我的发声像无声的草叶。我依然胆怯地跟苦难辩论，在对抗中恐惧，在角逐中强烈，在煎熬中得到勇气，在焦虑中得到鼓舞，在时间的线索里暗示一个持续的全球性故事。

如果依然痛苦的人啊，让我们一起劳动着弹奏着生命的颂歌，拨动心弦，为彼此弹唱，写诗读诗解诗，让诗的纯粹来感染人类。让我们的希望我们的爱都一起抵达。来吧，用血脉说话的语言，爱希望的火山会随时爆发。

在追问终极价值的人生里，愿思想得永远，诗歌得篇章，生命得永恒。

Cathy Xinman 心漫

1

爱是如此复杂

Cathy Xinman 心漫

我很心疼，樱花开了

我无法阻止你盛开

我无法扑灭时间的火焰

你无法不让我心疼

你的颜色又在我心起伏

你最好不要让我看到

你最好不要落入我的眼睛

昨夜刚过

我很心疼，樱花开了

我无法扑灭时间的焚烧

你没有留给我任何的伤口

疼在天空-

疼是如此复杂

时间，你无法分担我的忧郁

你不慌不乱也不悲哀

你无法逃脱这春日午后静谧的热情

难以掩盖我的忧愁在燃烧

不知道，谁还会理解我

我的疼比天空更辽阔

我祈愿它到达苍穹

我清楚地听见樱花在吹喇叭

细微体贴温柔

我无法用我的心去倾听脆弱

我的胸口蕴藏细语的关怀

在风把你摘完以前

我无法不走向思念

停住，让成熟

未完成-

让思念未完成

我不知道，还有谁像我

听见奔忙的寂静

你无法抗拒一个春日下午的火焰

也有缠绕的刻骨铭心

整个宇宙

好像只有我默默祈愿

只有我在疼惜

这让我难过

我学习到了时间的奏乐

写一首诗

爱与痛苦的复杂

盛开的樱花的爱与疼,时间的焚烧和生命的疼痛,都是爱和痛苦之间的理解和关联,是生命中的痛苦和挑战,是爱与勇气,是个体与无奈、人类的微小、孤独感该如何与宇宙相处。

时间的描绘

时间是一种哲学意义上的思考,它被描绘为一种无情的力量;无法被阻止和分担,是时间和人类的关系哲学思考。人类是否可以超越时间的限制,或时间本质就是人类的限制和束缚,导出人类的渺小和无奈。情感和思念是人类精神世界的一部分,对它们的关注和研究,可以引发对于人类情感和思念的本质、意义和价值的思考。这首诗对樱花的赞美和痴迷,对时间和忧郁的思考和探究,尝试表现人类复杂而真实的内心世界。

意境美学尝试

对樱花的赞美和对时间的忧虑,是生命哲学,是思考生命和时光的意义。

主题表达方式

　　情感的表达，着重对樱花的情感、感受和思考。尝试表达方式独特而美丽，以樱花描绘时间的流逝、生命的脆弱以及情感的复杂，用形象化手法将自己的情感融入到樱花盛开的场景中，表现出对时光流逝、生命短暂的无奈和感慨，抒发对生命和情感的珍视和热爱。

思想和情感表达的跳跃性

　　跳跃性是诗的主要技巧之一。思维和情感上的跳跃可以帮助诗具有一定的张力和震撼力。尝试从对樱花盛开的无力控制，转而谈论个体的心疼之情，表达对时间的无奈和对疼痛的复杂感受，回到樱花的温柔和对未完成的表达。尝试带动读者一些反思和共鸣。

语言运用

　　诗的语言是艺术，它的流畅、优美，需要展现出丰富的想象力和艺术感染力，多运用修辞手法和意象描写，如拟人、隐喻、比喻等；但优美的呈现，不是看使用了比喻、排比等修辞手法，而是写作过程中，独特情感和思考方式是否让作者本能自由地运行，自觉和自由地与方法保持天然的距离或自然融合。

诗的语言表现方式

采用更为自然、贴近日常的语言表达方式，比采用严谨、华丽、典雅的表现方式，多数情况下可让较多读者更容易理解和感受诗歌的情感，但重要的是，要看心里流出来的是什么，不是刻意而是无意或天性。如何展现一种更为自然、贴近日常、多元化的表达方式，在语言运用、意境表达等方面，都需要有独特的创作风格和艺术特色，并需展现出作者深厚的文学素养和个人魅力。

对樱花的描写和对时间、生命、忧郁等主题的思考，对生命的珍视和对时间流逝的无奈与忧虑，尝试渲染出一种内敛而深刻的情感氛围。内心的脆弱和无奈，生命的珍贵和无常，本身就具有一种动人心魄的力量和独特的美感，这种美需要通过诗人的深情和灵魂的震撼呈现。

思想价值

这首诗尝试表达和启示对生命、时间、情感的思考—对无情和不可抗拒性时间的力量，无法扑灭时间的火焰，无法分担时间带来的忧郁。提醒珍惜时间，感悟生命、追求美好，努力在有限的时间内实现自己的价值和意愿。尝试关于时间、美、情感、思念等方面的探索，思想价值的表达。描写樱花的盛开与凋零，表达时间不可逆转、生命短暂的主题。通过樱花的美，表达对美的追求和崇敬。对樱花的情感，体现个体对生命、自然和人生的感悟和思考，对思念的表达，强化时间的短暂和珍贵性，以及情感的永恒和珍贵性。

自我反思和独特性

尝试表达个人和周围世界的反思，与独特的思考和表达方式，提醒珍惜个体的独特性，勇敢地表达自己的思想和情感，追求内心真正的自由和独立。珍视生命和情感的价值，对自然美的赞美和对人类情感丰富性的认同，对自然和人类的尊重和热爱。

艺术价值

一首诗要成为一件艺术品，美感和独特性是必要条件。其感染力需因所表达的情感深刻而丰富。一首诗的独特魅力也在于：所表达的情感和思考的深度与内涵，以及其所展现的独特美感，让人感受到或启示到。这需要独特的创作风格，在语言、意境、风格等方面都有着独特的艺术价值和魅力。

Cathy Xinman 心漫

复活的爱

我从没见到过爱
也从没见到过海底
但我相信了

我想我一定是个白痴
但是四月
勇猛新生的四月
在销声匿迹的枯萎之后
还有谁不出来
与一堂生动的课会面
还有谁看不到长满了希望的萌芽
这真是一个可喜的消息
我见到了爱
我更相信了——-
并附上了我的祝贺

成千上万直率撩人、大胆亲昵
神秘的举动
千姿百态
数不清的真挚情感
有了四月
爱不再腼腆

这对海底来说意义非凡
勇气和求生像是它的语言
可是海底，没有太阳的黑暗垄断
不值得贴上爱的标签
它几乎谁都不见

可是造物主
灵敏重生的四月
你一敲门
爱的反应是什么
哪里记载着
它的一举一动是什么

很难相信
灵魂竟比它的名气更大
不可见的事物更令人景仰
爱很早就在追求了
只有它
传达着不朽

写一首诗

诗意理解

这首诗表达了对于四月的喜爱和赞美。四月是春天的季节，是万物复苏、勇敢迎接新生的时候。四月描述为"勇猛新生的四月"，"长满了希望的萌芽"，表达了对春天的信心和希望的感受。其次，对海底的比喻，表达爱的神秘和不可见的特质。将爱比喻成海底深处的黑暗和寂静，也许强调了爱的无形和难以捉摸的特性，同时也表达对于爱的渴望和探索。

这首诗也可以被理解为一首表达对生命和自然的感悟的诗歌。通过四月的形象，作者表达了对生命力量的赞美和敬畏，而通过海底的比喻，则表达对自然的神秘和不可知的感受等诗意和哲理的内涵。

爱是一种情感，不是物质的东西，它不具有形体和可见性，因此它是无形的，难以捉摸的。即使我们无法直接观察到它，但是我们可以感受到它的存在和影响，例如我们可以感受到爱带给我们的温暖、幸福和满足，或者感受到缺乏爱的痛苦和失落。因此，爱的无形和难以捉摸，也成为了它神秘和不可见的特性。这也是为什么诗人会用各种比喻和象征来表达和描绘爱的原因，因为这样可以更加生动形象地表现爱的感觉和特点。

爱的无形和难以捉摸的特性，海底可以被理解为人们内心深处的情感世界，而海底深处的黑暗和寂静，则象征人们对于爱的无知和未知。因此，诗中的海底可以被看作是对于爱这一主题的表达。通过这个比喻，诗人传递出了爱的神秘和不可见的特质，即使在黑暗中，爱也一直存在着，渴望被发现和赞美。同时，比喻海底为一个寂静的世界，有着自己的意义和语言，也描述了自然界中不同生物和环境的多样性。

尝试探讨爱和灵魂的主题，认为灵魂比名望更为崇高，而爱是一种永恒的传递，对人类精神和情感的探讨和赞美，对信仰和对未知事物的好奇心。描述四月勇敢崛起，枯萎之后有新的生命萌发，自然界的生命力和孕育新生命的力量，给人以希望和鼓励。描述爱的不同表现形式，强调四月使爱不再腼腆。传递了一种爱的力量和不同表现形式的可能性。

探讨爱和希望的力量，并将其与四月和新生相联系。表达在困难和黑暗之后，希望和爱都可以重新生长和茁壮成长的信念。

开始有感动写诗的句子：

萧条消失殆尽
看到这句，你是不是也感觉春天和希望一起来了

Cathy Xinman 心漫

时光的限制与珍惜

那些阳光已被触摸
在樱花的怀里
若隐若现——
如同门铃惊动了一个孤独
爱你,也就是引发忧伤
我怎样封闭前面的道路
多愁善感如果被剥夺
我的爱不同凡响
我甚至不敢说爱你
你胆小如鼠—小鸟都叽叽喳喳
嘲笑
为了我自己—我答
我不能容忍小鸟的无知

我怎能承受这般爱的图囿
怎能责备被想象驱动的情感
樱花,你有无限可能
勾引我的精神
我不能接受
连春天都留不住你的品格
怜悯我吧
恋人们总是要受时间的限制
我知道承认自己微不足道是多么重要

Flowers Kiss the Volcano 花吻火山

行色匆匆--
甚至连吻别的机会都要接受考验
我与你一直保持着
一种充满留白的交谈
即使最难被原谅的春雨
绵绵不断
保持着摧毁你的状态
细嫩、脆弱、善良的樱花
永没有闭门谢客—
捍卫自己远大理想的可能
这不能怪春雨
客观存在多么响亮
我知道学会赞美-你这样的伤痛
的谢幕方式多么有意义
我一定是在珍惜今天

我一定是在-做好一个凡人的认知
我不能搁置对自己的保护
我原本可能深陷对末路的焦虑
我不能爱上你—
我们做不了恋人
我们是兄弟，需要坚强
我有好几个知心的太阳
它所代表的救赎
具有坚强的意义
它们到来时
喜欢挑战我与它们私信的内容

Cathy Xinman 心漫

小鸟都忍不住来读
你拥有了赞美诗—
小鸟竟敢无视版权引吭高歌
我关心太阳
对更高存在的探索从来没想
停止过
我无限追求
我呼唤爱
永恒，我对你的爱不得不说

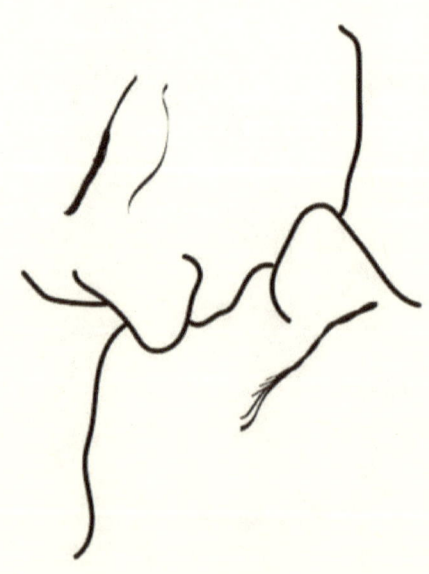

写一首诗

　　这首诗尝试表达保护自己和珍惜当下的重视，以及对人生的理解，对自己内心真实想法的勇气和坚定，是自我成长的思考和探索，希望引起读者的感慨和思考。

　　情感和意象，用樱花、春雨、太阳等自然元素来表达对爱、人生和自我成长的思考和感悟，流露一种渴望与追求的精神。是对人生的热爱和追求，思考和探索。其浪漫主义情感，蕴含对自然元素的赞美。也呈现一些矛盾的情感，表现了人类情感的丰富性，矛盾性。尝试修辞和意象的运用，感受文学气息。

开始产生灵感的句子底稿：
怎能责备细雨

如同责备一朵花

我听过它种植稻谷的

进入

樱花怎能让我不安

长着四月的

你读到这里，是否觉得外面天色慢慢亮了？

珍惜每分每秒

这不是一分钟
因为回声响起来了
滴滴答答
打得我心疼
我的奢侈品
为了爱它
我把它停泊在忧伤里

这不是忧伤
是爱你不够
是海
生命的血液奔腾不息
我寻找爱你的无限可能
我品尝从未珍惜过的一分钟

如果可以让一分钟不白活
我就会减轻伤痛
我从未品尝过永恒
一分钟
当我与你在一起
我就想把门关紧
可你一直流向远方
在看不到的地方

写一首诗

比较右边与左边,你会喜欢哪边的表达?

这不是一分钟	啊!这个短暂的瞬间超越了六十秒
打得我心疼	像刺痛我的心脏一样,深深地共鸣
我的奢侈品 为了爱它	我珍视着我心爱的奢侈品 它是一件富丽堂皇、充满优雅的珍品
这不是忧伤 是爱你不够	这不是忧伤,而是一种无法被满足的爱

你同意形容词是名词的敌人吗?

Cathy Xinman 心漫

2

像一个孩子笑啊

Cathy Xinman 心漫

用右手将我怀抱

我心中的原野
站在情绪的真诚里
我献给冬日的颂歌在哪里？
我们踩在同一片土地上
想象是展翅飞腾的鹰

他站在马丘比丘之巅
Pablo Neruda
聂鲁达，用他20岁的爱情说
我喜欢你是沉默的，仿佛你已不在
用他绝望的发掘说
今夜我可以写下最悲伤的诗句

那被抛弃的个人苦闷、孤绝
他站在马丘比丘之巅

她站在美洲大陆
孤独的桌旁
Emily Dickson
艾米莉·狄金森，用她韵脚不齐的孤僻说——
人类灵魂中的美丽
被人取笑的破折号
静寂抽屉里的大写字母、标点
她用它们探索死亡和永生

诗人的名字多么无聊
随手抛掷一颗心、两颗心……
已知的是受启示的
未知的是流向永恒的

我与上苍交谈
你的启示流向我
你让山快乐，让海沸腾
我用我的诗歌回应
说呀，诗人，你可以在海底写下最悲伤的诗句
我向上祈求
接纳我，我用一生的忠诚献诗
啊，生命，你充满了爱和希望
当我和你在一起
请用葡萄增补我力
请用苹果畅快我心

我的玫瑰花
我的百合花
你用右手将我怀抱
看啦，诗人，我献的颂歌
说呀，荒原
听我像羚羊，像小鹿
听我像秀美像甘甜
听葡萄正在开花

Cathy Xinman 心漫

二十个爱我的人和一个我爱的人

我们一起隔着
隔着人性的贪婪与虚伪
因为善良
我们彼此认知
在唯一的避难所
我寻找上天——（他说谁叩门就开门））
困惑吗？苦闷吗？彷徨吗？
唯女子与小人为难养也——（据说是孔子说）
我是个天才，才不拘小节呢！
善良的纽带多么脆弱

善良如小天真，幼稚又单纯
矜持在我面前
它在一切时代里
找到了二十个爱我的人
那些受过伤的人和事——还在释放慰藉

你敏感又迟钝--善良对我说

来一杯聂鲁达的葡萄酒

用他的二十首情诗

善良继续说：

我们走深一点宽一点的小径

近之则不孙，远之则怨——（孔子继续道）

像一个孩子笑啊

像一个小孩子

做一个好人

一个我爱的善良的人—

春歌

给我春,给我光,给我脚步
给我路过,给我情,给我心跳
让我的心说话

给我早上,给我投入
给我提问,让我的兴奋说话
让大地的乐观说话

给我灵魂,给我贯穿
给我深入,给我大卫王的诗篇
投向这病得不轻的年代

给宇宙以嘲笑,我站在这里
给真情以讥讽,照亮我的卑微
鞭笞最俗气的普通劳动者

给我《草叶集》,给我惠特曼
给我憎恨的情绪
给我徒然

Flowers Kiss the Volcano 花吻火山

给我《诗歌总集》，给我聂鲁达
在那片蛮荒的
名叫胡安的土地上
十名美洲劳动者在说话
玻利维亚的矿工在讨论：
这年头谁敢说自己是专家
说了，一定是无知

给我火焰，给我爱，给我信心
鼓励我爱憎分明
给我喜乐，给我悲伤，给我愤怒

给感觉以不完美，给生命以伟大
给大地以血脉，给我热望
给我沸腾，给我火焰

我醒来，我的窗帘在说话
太阳在说话，它维持的秩序
驾驭宏大的现在、过去和将来

给我血脉，给我沸腾，给我火焰
给我卓越的语言
说宏大的能力，说拓荒者的作为

给我呼唤，给我名字
给我光，为所有人倾诉
给我一朵玫瑰，给我一只蝴蝶

支持我认识你，爱你，并歌颂你
给我一颗葡萄，我的爱
在地里长出，在阳光下唱出

啊，无可争议的春天
献给人类最佳作品
我们是如此幸运地拥有

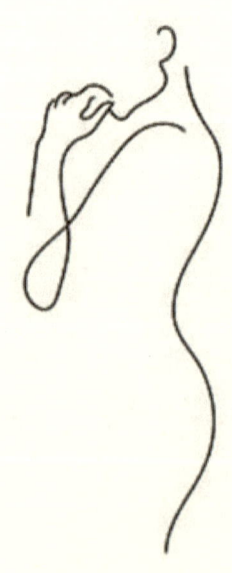

来到雪后宁静的小路

在这片承前启后的年代
不能忽视的这一代
我们一同踩过罕见的孤绝
亲吻过口罩的激情
见证过睡衣卧室
恢弘隔离的主题

曾经被我遮遮掩掩的痛苦
是为了指向更圆融更高亢的史诗
至于诗人自己
他坦言：从不言自我
我最怕别人把"我"当成我自己
那样，我将失去所有的乐趣
你是否可以将上句的"我"当成是我？
回答是Yes!
我又犯了一个悖论
我欣赏你好奇的理性开拓

让我再次回到人类

奋力前行的节奏中

三月的北美

西岸依然降下大雪

我来到雪后宁静的街道

我向往它纯洁的声誉

那些充斥在我头发里的文化人物

被我抛去脑后

我希望我的无知

让他们沉默

他们走不进我的世界

我内心沉寂

籍籍无名是我的站立

我走在干净的人行道上

旁边的积雪拥有着清晰轮廓

不容打断的连贯

证明了大自然的温度

我与雪有着舒适的距离

在混泥土铸就的路上自由地漫步

路旁草地上的积雪自然松软而坚实

它触到我敬佩的眼神

这是一条继续往前行的路
你可以对继续观望
那远一点的还看不到的
是我正在进行的写作
"鸿鹄一再高举，我志在寥阔"
词人依然在梦境中
我从不把自己比作天鹅搏击长空
也没有豪情壮志容我抒发
我本该熟悉自己的无知
以及其中的无穷可能

请让我给你诗化一片承前启后的土地
干净的街道已到尽头
我踩在正在融化的雪地上
我与雪像恋人般交融
我试图摆脱它的热情
它无处不在它覆盖一切
它是否心甘情愿接受太阳照耀的命运
我不知道
我的脚寻找干净的土地空间
在仅有的立锥之地
我集中精力阻止雪对我的滑溜
我与雪的相亲受挫
我对它显露了逃脱
我仿佛忘记了用雪做扛鼎之作的初衷

我们共同踩在这片承前启后的土地上
经历隔离又经历释放
在生命强烈的怅惘中
咯吱作响的是人类的命运
生命只有一条路
"但我却选择了另外一条路
它荒草萋萋…
显得更…更美丽"
——（罗伯特·弗罗斯特说选择的路）
他的笔触不会再返回
他倚重的那条路
让我因为珍惜
而呼唤人类的传奇能力
延绵无穷尽

Flowers Kiss the Volcano 花吻火山

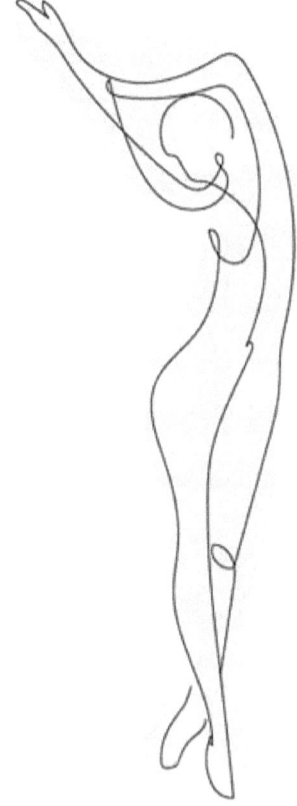

该隐

我隐去那该隐的恶
隐了几十年
告子曰：然——
《诗》曰：天生蒸民
为何生了君子又生小人？
孟子说：此为上天有意赋予人类

地涨了洪水
天闭着眼睛

我隐去那该隐的怨
隐了几千年
孟子问：先生你准备去哪？
《诗》云：——
酒醉德饱，不羡慕别人的绣花衣

遥想诺亚方舟
该隐说：我已找到漏洞
隐循的柳下惠坐怀不乱成为逸民
我们一起得到船票躲避灾难

地裂开,浩瀚深渊
天上的水闸都打开
地闭上眼睛
地涨了洪水,不见了

淹没白天-淹没黑夜-淹没不义
地干了,天睁开眼睛

你在哪里?该隐
孟子打开性,看那残存的善
我听他雄健宏博之理论
听了几千年

该隐打开地上人的眼睛
打开他兄弟的血
他的兄弟从泥土中向上呼喊——
一颗颗散落的心走近复仇

Cathy Xinman 心漫

该隐
不该打了印记的
不该被第一吸血鬼宣传的
也在祈求洪水退尽

当春天头戴风暴跃出地面
该隐，隐不了一天的怨
还在恼怒一朵花
妒忌一只鸟
责备——
你们不该冲破雷雨
拯救我这个流浪的阴暗游魂

那依然漂浮的灵魂在苍穹
没有一日不祈祷
如诗人日日抛掷的诗篇
如庄严的谦卑义的悲悯

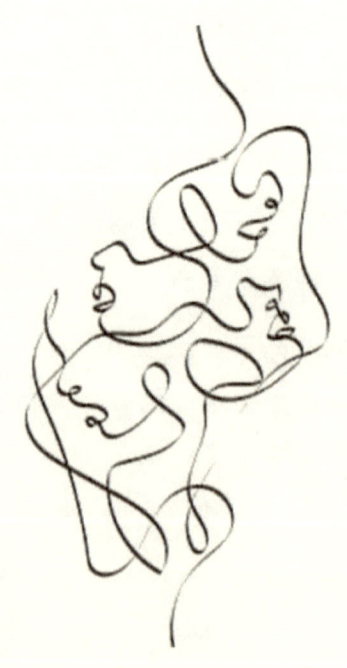

三月之夜

这正是三月北美西岸时分
去年的风还在老树的头上吹着冰
去年的雪还在自恋的天空闹纷纷
我生出凝望的精神
像一个播种者
深深地看着尚未定型的原野
它就在我的窗外
在我的早上

我,依照圣洁的意思忧愁
生出想念和爱
你不要试探我的软弱
我眼角的泉水经不起任何的考验
爱情,多像婴儿的哭声
多像他吸吮撅嘴碰撞奶嘴

火与水，热与冷
它从来不缺锻炼的机会
陪伴岁月的
这棵曾经火红的枫
并不知白天和黑夜
似乎也无需避难所
它长满苔藓的手臂总是张开
并不需我扯来星星的闪烁安慰它
去年的叶子还挂在梢头
我期待你

哪一样，你可以抓住

时间像赤裸裸的孤独

紧系于一切

它垫着脚尖一点一点轻轻

它醒着看我，它睡着看我

那滋长的行踪如我渐老的梦呓

像若即若离的美人

我一想到它，就会弄伤了自己

为了表示珍惜

我用早上的脸贴近它

暖气炉在大把大把地出气

呀，我才醒，我从床上坐起来的一瞬

冲着春天的眼睛被突然点亮

雪花大片大片在窗外燃烧

如瞬息即逝的美好

我的心上生火

静静，我享受这惠赠

Cathy Xinman 心漫

这是三月上旬的美洲西岸
难道它也留恋去年圣诞节的大雪？
这片窗外独自醒来的时光
我如何是好
我如何呼唤你带给我的快乐

净净，不要看我的点滴
何时我可以不要
去清晰那些人性的丑陋
时间，我何时妨碍过你的快乐
看一看流去的青春
甚至那新生儿的哭声
哪一样，你可以抓住

女人的子宫

你自然成为创造

成为大地

如春

成为种子成为泥土

成为柔成为叙述

成为情成为爱

如根茎

成为跳动成为心脏

成为哭成为笑成为嫁接成为结合成为新

成为男孩或女孩

如海如洋

Cathy Xinman 心漫

你藏在体内
美
经验灵魂、滋养和出生
成为阅读成为探险
肉体的疼痛-歌咏的忠贞
你是什么？
亲自上演一幕幕欢喜一场场悲伤
如房子一直生长血脉
一次次幸福一回回绝望
布满皱纹的地方
是女人的子宫
请让它嵌入大海，澎湃的居所
汹涌打在礁石上
你怎么知道
它爱海

写一首诗

感恩生命讴歌创造

　　以女性的身体器官-子宫为主题，表达女性的力量和美丽，通过将女性与大地、春天、海洋等自然界中的元素联系起来，传达女性作为创造力量的信息。突显女性在生命中的重要性和不可替代性。也呼唤社会对女性的尊重和关注，让女性的内心世界得以展现。让人感受到女性的强大和魅力，也表达对女性的赞美和敬意。

诗人的荒谬

我守着安静守着柔软

守着直觉守着灵性——（在自己照镜子之前）

歌颂爱、歌颂女人歌颂永恒——（我一直没有睡醒）

歌颂一切引领向上的原始品——（我的皮肤不够厚）

我盲目地忧郁

无辜地烦恼

荒谬地说单纯

自虐性地道深刻

——（别想给她套上枷锁）

我吃光了家里所有的菜

又翻了一遍冰箱

我绝不买菜

在最后一片可食之物前

终极根源才打开精神

我像歌德一样理解浮士德

那些未能解除自己疾苦的人生导师
——(三年了病毒还在捆绑人质)
请你沉默一下
我对白云产生了感恩
"你真美呀,停留一下"—
令人着迷的壮阔开始了
郊游的加拿大雁,在湖面上弯曲
梳理浅褐色的飞羽
你真美呀,敬畏一下

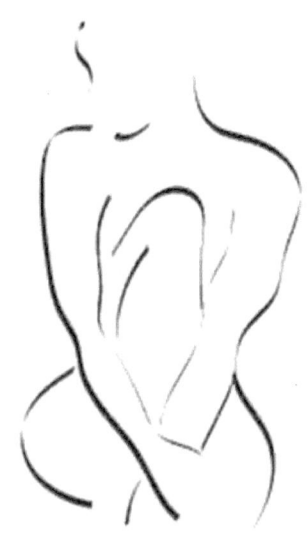

写一首诗

情感和个人观点，对生活的感受和态度，从内心深处流露出来，是抒发内心情感和思想的方式。通过描绘自己的荒谬之处，作者将自己与现实世界隔绝，同时也表达了对自我和世界的探寻和追求。

语言和情感倾注了对爱、女性和自我探索的关注。用比喻和隐喻来丰富诗歌的意义和美感，比如比较自己和歌德的理解力，以及将食物和精神联系起来，呈现富有内涵的美感。引用歌德《浮士德》里名言"你真美啊，请停留一下"，或有其不一样或独特的意义。

康龄颂

让我为朴实善良的人们讴歌

让我为饱含和悦的热泪写一首诗

让我呼吸的眼眸涌出涟漪

让我们引吭高歌

养怡之声永年之乐

康龄 我们一起 care

让我为引领向上的人们讴歌

让我为饱含晨曦的光华写一首诗

在这片生机勃勃的大地上

让我们引吭高歌

明亮爱的全部意义

康龄 我们一起 care

写一首诗

　　写一首主题积极向上，传达对人类社会的美好愿景和对自然、生命和人性的热爱的诗，让这种乐观、积极的情绪能够激发读者的共鸣，需要作者积极的内在能量，才能引导在生活中追求幸福和美好。康龄寓指安康、睿智、阳光之意，德高望重练达之光。这首诗简洁语言，让人容易理解和记忆，篇幅适中，可为谱曲之歌词，让诗歌主题生动地传递，激发人们对美好生活的向往和追求。使用反复出现的"让我"和"让我们"等句式，使诗歌具有亲和力和参与感，让人容易将自己融入到诗歌中，感受到对美好生活和人性的向往和呼唤。

爱，无论我多么不可爱

忧伤，在这个小小的星球上
天空啊不要太留意我
你借了我的心，也在云层里发昏
像一个活跃的糊涂者。
我依然看不清风的真面貌
请不要刺进我的骨髓
原谅我，我不爱醒后的挣扎

我满足于知道忧伤此刻还活着
陷阱啊不要太留意我
你蒙了我的眼，在深渊里绝望软弱孤单无助
原谅我，这颗依然天真的心
我做着微不足道的事
我爱自己，努力做最好的人

我满足于每天吃简单的菜
它们从来都没有乏味的时候
爱过的辣椒，请原谅我已无需再刺激
我偏爱别人过着热闹的日子，我过着平常
快乐，请让我不时大笑一下
跟我一样忧伤的人啊，请让我想念你
圣洁的灵魂，永恒的爱，请让我绝对地追求你

爱，让我们相依为命结伴同行
请接受，我为享有日用饮食的感恩
请照顾我，救我脱离凶恶、歧途和绝境
请给我悲悯和智慧，我黑色的眼睛，请看我脱下外衣
我信任陌生人，请让我依然如故
我信任诚实，请让我依然勇敢
帮助我不要陷入困惑
请宽容，我依然的忧伤
大地的生机啊，请帮助我用诗走向神

我偏爱感恩，我轻易不谈人生
忧伤，当我走过今天，黑夜又降临
爱，如我的忧伤，我们神圣地相会并相交
你继续说预言并一再给我机会
请爱我一无所知的悲叹
成功的失败，失败的成功

让我身上有快乐的源泉
景仰值得追求的东西
羞怯，请保护我，我偏爱沉默胜于啃着鸡腿谈虚无
太阳，请启示我如何分享你的充足
爱，请依然爱我和晨曦
无论我多么不可爱

一天读一首诗

诗意可能无限

尝试表达对生命、忧伤和爱的不同层面的理解和感悟。情感表达包含着对生命、人性等深层次问题的思考和探索。这种结合情感和理性的风格，在诗歌创作中很难把握和表现。这首诗的哲理和情感，通过描述内心的忧伤和渴望、追求自我和创造美好生活的信念和决心呈现。诗的每一句话若饱含深意，语言简练有力恰到好处，可让人印象深刻。这首诗的语言追求新奇，例如，将忧伤比作一个陷阱、一个活跃的糊涂者，将爱比作一股无所不在的力量，呈现内心的感受和对生命的态度。语言描述了生活，表达了态度，以及对自我和他人的关爱和尊重，可让读者在阅读时感受到诗的情感，汲取到启示和正能量。

诗歌需语言简练、精炼，同时又能表现出深刻的思考和情感。这首诗表达了对生命、忧伤和爱的不同层面的理解和感悟。整首诗感觉像一首哲学诗。

读文学作品对于作家而言，每一个作品都很重要，评判一个作家是否达到一定高（高度可以自由想象）的水平需要考虑多因素，例如作品的质量、深度、广度、影响力、独特性等。如果一个才华很高的人，评价其作品是否达到高的水平，或者要全面评价水平，还需要考虑其整个创作生涯的作品质量、深度和广度等方面，以及对文学领域的贡献和影响，比如，是否有持续的创作成果、是否在文学领域有广泛的影响、是否有跨越性的作品、是否具有文学历史上的重要地位等。单凭一首诗来评判一个作者是否达到一种水平是不够充分的。或者仅仅从一首诗的角度来评判作者的水平是不够全面和客观的。

单从一首诗歌的角度出发，可以评价它的词汇、语言、形式、情感表达等方面的水平。但如果要评价作者的水平，还需要看作者在整个创作生涯中所创作的作品以及其在文学领域的影响和贡献，这些方面也是评价一个作家的重要标准。因为一个作家的成就不仅仅来自于一两首诗歌，还包括他或她的创作历程、风格、思想等方面的表现，同时还要考虑其对文学领域的贡献和影响。

满怀希望的春天

现在有了春天
有了感觉
我简单装束
离开家门
如青草伏在阳光下

如蒲公英寂静
它是否在安静地等候我
我不知道

你如此容易就找到了我
就如诗人有了真正的灵感
你记得我爱的第一句话是什么?

现在开始让我写
我有了幼稚
你有了朦胧的身姿
逐渐袒露的身体

Cathy Xinman 心漫

现在有了青春,有了紧密相连
我钓线去年
风如何一刹那照亮了山坡上的一群蒲公英
你叫住我,我们再度拥抱亲吻

你不知道
我是怎样用诗来回应
这阳光下的喜悦
我比任何时候都话少
为了生存我努力工作,为了生活
我努力记录

你为了什么
山坡多么需要你
它不再闲着
多么奢华的衣着
一切原始的语言都将相继问世

Flowers Kiss the Volcano 花吻火山

你一如既往
我无法向你解说我经历的
清晨一点的Covid
一点半的检测
二点的降息
三点的股市房价火爆
三点半的石油起火
四点的通货膨胀
五点的升息

现在有了春天，有了感觉
我感觉你没有听见外面的世界
到头来还是你稳坐在低谷
最靠近天空

Cathy Xinman 心漫

读可能的诗意

情感和思想或主题和意义

这首诗涉及到人与自然、人与生活的关系，表现对美好生活的向往和追求，对生活和工作的热爱和努力，反思当代社会的现状、问题和挑战，具有一定的反思和批判意味，呼吁人们更加关注和思考。这些内容可让诗歌更具有深度和思考性，具有意义和价值。

这首诗的意象主要是以春天为主题，通过春天的景象来描绘出人们内心深处的情感和感受。诗中运用了很多隐喻和比喻，比如青草伏在阳光下，将对方比作蒲公英等待着自己的到来。这些意象让诗歌具有想象力和美感。蒲公英寂静等自然景象，还有钓鱼、拥抱亲吻等人与人之间的情感交流，都是生动的意象。这些意象通过诗歌的运用，可将读者的想象力调动起来，仿佛身临其境，体验到春天的美好和人与人之间的情感交流。

这首诗可能的特点

1. 自然意象较丰富：通过对自然景象的描绘，如春天、青草、蒲公英、山坡等，刻画了自然的美好和神秘。这些自然意象充满生命力和情感，帮助呈现诗歌的生命力和感染力。

2. 追求情感真挚：通过现代诗的形式，表达自己对生活的向往和追求，以及对当代社会的反思和思考。诗歌追求情感真挚、朴素深刻，触动人们内心的共鸣。

3. 反思社会问题：通过对当代社会问题的反思和探讨，如通货膨胀、股市房价等，表达了诗人对现实的关注和思考。这种反思和探讨，可使诗歌具有深度和意义。

几个可以理解为象征的意象：

1. 春天：在诗中，"春天"可以理解为一种象征，代表着新的开始、新的生命和希望。

2. 青草和蒲公英：青草和蒲公英可以被看做生命和希望的象征，这些花和草在春天时生长和开花，代表着新的生命和希望的到来。

3. 钓线、风、山坡：这些景象可以被理解为生命的象征，如同钓线可以抓住鱼一样，风可以吹拂树木，山坡可以承载生命。

这首诗的感性和抒情，描述了感受到的春天的气息，生活的美好，并通过描绘自然风景和感情来表达内心的情感。它运用了比喻和细腻的描写，将春天的美好与人们内心深处的情感相融合，表达了对生活的感悟和热爱。可让读者感受到一种浓郁的诗意气息。因春意陶醉而忘了可能的伤痛。

Cathy Xinman 心漫

夏令时的第一天

我要在床上多呆一会儿
黎明让我担心
两个小时肯定不够
大地已经曝光了
我能用的只有睡眠时间
太阳是不会牺牲的
它每天按时起来
我拔掉手机
里反复播放的铃声
沾满了我的哈欠
夏令时早已溜进了餐厅

今天要打足精神溜走一小时
早餐是给早睡的人预备的
餐桌很长
椅子摆放得舒畅
安静而饥渴
我背靠在椅子上
坐必须要离开靠背
鸡汤说
这样，刀叉的味道才正
菜的颜值才挺

Flowers Kiss the Volcano 花吻火山

我无法下载吃餐的高清图片
手机吃力而轻松
优雅的女人美食的男人
还没到下午
精美的碟子已被重新摆上
闪闪发光
多像打足精神的灵魂啊
"停车坐爱枫林晚"——
智能机器人正如火如荼
它才过百日呢,新生的受训徒
让我们在这里多呆一会儿

Cathy Xinman 心漫

文森特·威廉·梵高
(Vincent Willem van Gogh)

我在你追求的宁静里漫步
如你一样深信
深信头顶一轮月亮
-明亮
在你内心深处的情感里
沉默
如你一样被星星和流星点缀
深蓝色的神秘和寂静

弟弟、农民和矿工
我不配体悟你诉说的爱和牺牲
不配看到你艰难的贫苦
从向日葵到星空
我不配被旋涡状的形状目睹

寂静、荒凉、挫折和精神
我不配看到你孤独烦恼和痛苦
一个宇宙一棵树
一个小山丘一座房屋
-矗立
你关注和同情的人类
不配理解你

写一首诗

展示对梵高和他作品的理解和情感上的投入，从语言和结构上看，表达了对梵高的敬仰和对他创作的欣赏，包含了对他孤独、烦恼、痛苦等主题的关注和同情。

在表达对梵高及其作品的敬意和赞美方面，用一些艺术上的术语和描述，如"旋涡状的形状"，表明了对梵高的艺术作品的了解和欣赏。并通过情感丰富的词语和表达方式使诗歌具感染力和感情共鸣。

对梵高孤独和痛苦的关注，这是他作品中常见的主题之一。用了一些富有情感的词语和表达方式，例如"寂静、荒凉、挫折和精神"，能够帮助感染力和感情共鸣。一些修辞手法，比喻、排比等，可增强诗歌的感染力和表现力。例如，"如你一样被星星和流星点缀"中的比喻，将梵高与星空相比较，强调了他对自然的热爱和对宇宙力量的追求；"寂静、荒凉、挫折和精神"，突出了梵高的精神世界和创作历程中的苦难和挫折；"一个宇宙一棵树，一个小山丘一座房屋矗立"，则表现了梵高对自然和人类的关注。

春天，我需要你

我花了很多时间跟春天在一起
它给话了
它爱我沉默
它不要我急着说
我走近湖边
乌龟在低头晒太阳
鸬鹚在湖面打开翅膀
它们昨天刚从多伦多飞来
在太阳下
啊，多么活跃的湖光
一位长者看着它们微笑着
我停下了习惯的脚步

我花了太阳的时间跟春天在一起
它给话了——
它说要吹绿谁就吹绿谁
要给谁就给谁
这是它的家
我不只是享受观察
我来到春天面前
我要遇见你
我流泪了

我奔跑
春天看见我走进来
今天-我低头
春天又一次说话
要让更多的人来
抓紧时间
来到春天里

我怎样激动你的心
我给你的春天
今天你不得？要到几时呢？
它顺命而来
我问——
今天，大流行、失业、苦难
这些都是真的
我的心怎样看到春天
为什么春天会快速走过

我需要一个地方
让你充满-我屈膝
我凭着自己多么艰难
天窗打开
感谢你为我祈求
光照生命前行
医治我们个性的软弱

Cathy Xinman 心漫

此刻,我需要你
眼光和视眼
愿我在你的杰作里
愿你的祝福借着我流通
让我感谢你
每一刻我需要你
我给你我的心
请来-拿走我的心

我一直在找不喝水的理由

我一直喝水
喝雪山流下来的一汪水
喝古老的大地上的一汪水
我们曾戴着口罩喝水
千山万水
我在自己的意识里喝水
我每天需要水
我们曾被地球禁锢
我该怎样抵达自由
没有水、我不需要水该多好
没有我的叹息
水该多美

我一整天都在想
我为什么需要喝水
我为此感到痛苦
因为我一直在找不喝水的理由
正如我每天在找不写诗的理由
我看到春天毫无理由
吹绿了树-吹开了花
还有鸟也总是爱叫
你的叫声是什么时候开始的?
是在我不喝水的时候吗?
我从不思考
我存在这个世界的理由
活着意味着什么?

看一首诗

　　可以看语言、形式、意义、用词的表现力，以及思想内涵，形式创新，节奏感强弱，情感真挚等方面。这首诗现出一种哲学和思考的气质，探究人类存在的本质和意义。诗中提出的问题广泛且深刻，是对于生命、存在和自由的反思，表达了对自然和生命的关注和思考。水代表着一种精神，就像诗歌，这是你喝水的理由吗？

雪在草的伤疤上撒盐

总以为春天来了
总以为过了冬天春天就到了
总以为树就绿了
有意，我走到路边草坪上
躲在暗处的积雪堆已经脏了
白雪被人集合在一起
身上布满了黑点
还可以忍受我的踩踏
沙沙的叫声让我不忍伤害
轻微的疼痛是我的脚
潮湿草地上-阴影还有多长？

我从不铲雪，事实上
我不为无情的冬天工作
我喜欢雪自然流去
被迫改变的自我
剩下的除了沉默
还可以回避、永不相见吗？
你可以寻找我懒惰的证据
或者我接受再次改造
你改变了雪的天性
它本可以，代表冬天封锁一下草地
现在，它代表春天像垂死黑鸟
在草的伤疤上撒盐
谁像新割的韭菜？

经历

跪着俯伏着
他们连结在一起
如同一个身体
哭声如号角真实地响起
响起
呼求响起
改变我更新我
阿斯伯里校园的Z世代

跪着俯伏着
骄傲、恐惧、愤怒和痛苦
让哭声响起
让它们经历爱和相遇
他们跪着坐着靠着走着
他们不断地祈祷
他们听到了歌声

感觉多么真实
形容多么丰富
复兴正在发生
多少人充满了渴望
多少人正在赶来
他们原本不认识
也许有过互相憎恨
让我们一起唱歌
让我们一起哭泣一起拥抱
让甜蜜、平安充满了我们
让我们期待更美好的事

让他加入
让更多人加入
他们唱一整夜
让我们成为爱的管道
在实际行动里
成为爱成就爱
让爱分享
让我们成为肥沃的土壤
结出果实

让他们经历喜乐的感觉
让他们经历爱经历平安
经历甜美
让他们经历被浇灌的浪潮
让他们与爱相遇

从前说大雁传情

从前说大雁传情

需要抬头仰望

你不归来-春不来

从前说思念很深刻

无人能用手机竞相微信

无情的是车马

现在故事已结束了

我行走在故事与湖边

一群大雁住在那边

春的那边

又是春天,又是生育的季节

古老的痛苦

失落的孤独-还在湖边

保存完好的深情

等待的大雁

还在春天与大地之间

Cathy Xinman 心漫

我记得雪变成水流走了
可它没有流进湖里
我参观过一座古城堡
在冰川旁
露易丝湖边
它与时间无相通之处
它停留在美丽与碧玉里
痊愈，你来吧！

看到了！
我看到一只憨态可掬的大雁
离开水面
突然横着脖子，快速拍打翅膀
它红色的舌头在口里
它埋下头张开嘴
嘶嘶直扑-向它的同类
那个老老实实啃小草的家伙
只知道躲
它们小小的脑瓜里
怎么知道谁可怕？

我很不安
所以,我看到它变成了人类
为了争夺生机勃勃土地上的野草
这是我的本性
也是我同类的野蛮

从前的故事都具有欺骗性
我何时才学会透彻理解
学会看透重重世界
观赏的天空
你唤醒了春天
请赐我高贵语言
去搏击大雁的饥饿

读一首诗

　　这首诗尝试表现人类与大自然的关系和人类自身的内在冲突。通过描述大雁的传情和思念，展现大自然的美好和温馨；然而随着时间的推移和社会的发展，这种美好已经成为了过去式，人们面临着新的挑战和问题。通过描写自己在故事和湖边的行走，以及大雁的行为，表达了人类内心的矛盾和不安，特别是人类的野蛮、贪婪和残酷。

甜与苦，你从不迷路

树站在风中
想知道雨什么时候来
来了又会怎样？

难道树还能躲雨
手臂上还在摇摆苔藓
还在思念寒冷
远去的冬把你打成沧桑
就这样-与苍老的肌肤亲密无间
仿佛与生俱来

仿佛你已屈服了这样的命运
如死去的爱情
大水也冲不醒了
金钱也无法让你复活了
仿佛已是人质
不能走也不能去远游
仿佛你从不会经历
经验也不会姗姗来迟
也不会咀嚼自己
揭示现实的惨淡真相

Cathy Xinman 心漫

春站在风中
它找借口与你亲嘴的样子
你相信爱-迎上去的样子
绝没有衰老诗人笔下的暧昧
如纯洁的天鹅
热血沸腾随时都可以起飞
我花了很多早上-跟你学习
你充满了属于我的东西
属于我灵魂的歌声
你成为风雨的一部分
充满了我的泪水
如同生命看见了复兴
如圣徒-你从不迷路
痛苦与智慧，甜与苦
郁郁葱葱

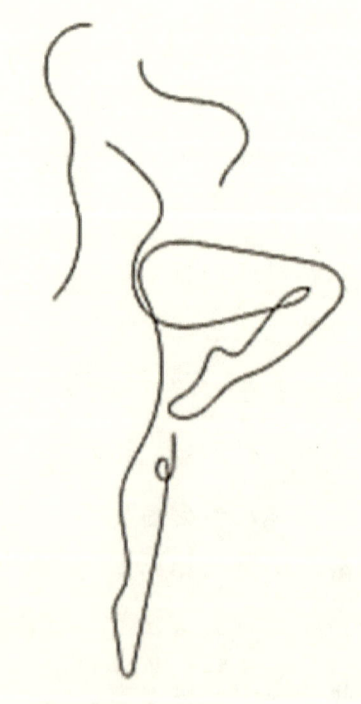

读一首诗

　　尝试意在刻画一个意境丰富、情感真挚的世界，用意象和比喻把自然界的元素与人类的情感相结合，感受自然的力量和人类情感的复杂性，对爱和生命的热爱和追求。语言尝试简练明了，没有过多的修饰和繁琐的词汇，易读易懂，帮助贴近读者的心灵。此外，诗歌中的意象清新、生动，如生命看见了复兴，如圣徒，让人感受到一种宁静、美好、神圣的气息，仿佛听到了诗人心灵深处的声音。诗歌是一种情感交流和心灵启迪的载体，需要具有较高的审美和思想价值。

　　用情感的起伏和变化，用自然界中的树、雨、苔藓、春天等元素，表现对人生的思考和感悟，对自然和生命的敬畏和热爱。 出现哲学思考、情感表达和语言艺术，表达充满生命力和美好的世界。意象和抒情的语言，让读者感受到自然界的力量和人类情感的复杂性。通过描述树在风中的姿态和对雨的思考，把自然界的生命力与人的无奈融为一体，让读者对生命的脆弱和命运的无常有了更深刻的感受。

　　同时，诗中也表现了作者对爱和生命的热爱和追求。春天的到来象征着希望和新生，作者通过对春天的描绘，展现了对美好未来的憧憬和对生命的坚定信念。诗中的意象和语言相互交织，形成了深刻的意境和感染力，让读者在其中感受到人生的美好与矛盾。

　　尝试深邃的人生哲思和情感启示，展现出人生思考和人性关怀。诗中描绘的树和春天，不仅是自然景物，也是人生的隐喻和寓意。树不仅是顽强不屈的象征，也是脆弱和无助的代表，而春天则是希望和生命的象征。用自然景物描绘出人生的苦痛和无奈，却又用对春天的向往和对生命的热爱，表达出对未来的信心和希望。其人生哲思和人性关怀，希望引发读者的共鸣，激励人们勇敢面对人生的起伏和波折，坚定追求美好生活的信念。

　　这首诗还表现出对生命和自然界的一种哲学思考。诗中所描绘的树站在风中、苔藓在手臂上摇摆等场景，展现了自然界中的生命力和循环，同时也表现了人与自然的联系和依存。通过对生命的感悟和对自然界的理解，表达了一种平衡和谐的哲学观念，让诗对生命和自然界有了更深入的认识。

　　这首诗使用了意象和隐喻，通过所描述的景物、事物等形象表达情感和思想。例如，"手臂上摇摆的苔藓"这一形象和"仿佛已是人质"这一隐喻，都生动有力，可让人产生强烈的联想和共鸣。其次，这首诗在语言上比较优美，使用了很多富有感染力的词语和句式，可产生一种既流畅又富有节奏感的感觉。例如，"如圣徒，你从不迷路，痛苦与智慧，甜与苦，郁郁葱葱"。

此外，这首诗也呈现出一种对人类情感和命运的深刻思考。通过对死去的爱情、命运的无常等主题的描绘，作者表现了人类情感的脆弱和人类命运的不确定性。形象的描绘和细节的刻画，使诗歌中的景物和情感鲜活生动，令人感动。同时，作者也表达了一种对于生命和情感的执着和坚守，感受到生命和情感的力量。

这首诗中可能运用的隐喻来增强诗歌的表现力和意境，如：

1. 树站在风中，想知道雨什么时候来，来了又会怎么样，难道你还能躲雨。其中，树的站立象征人的执着和坚定，而雨的来临则隐喻着生命的无常和变幻。
2. 手臂上摇摆的苔藓还在思念远去的寒冷。苔藓摇摆象征着人的思念和不舍之情，而寒冷则隐喻着冰冷的现实和世俗的冷漠。
3. 冬打成沧桑的模样，就这样与苍老的肌肤亲密无间，仿佛与生俱来。冬的沧桑模样象征着岁月的无情和人生的沉淀，而苍老的肌肤则隐喻着时光的流逝和人生的无常。
4. 春站在风中，它找借口与你亲嘴的样子，你相信爱迎上去的样子，绝没有衰老诗人笔下的暧昧。春的亲吻象征着生命的重生和希望的到来，而诗人否定了衰老诗人笔下的暧昧，隐喻着对于纯真爱情的追求和坚持。

这首诗尝试使用了许多意象来表达情感和意境，如可能的：

1. 树：象征着生命的坚韧和执着，承载着时间的流转和岁月的沉淀。

2. 风：象征着无形的力量和无常的变幻，代表着生命的起伏和变化。

3. 雨：象征着生命的润泽和洗礼，暗示着人生的无常和变幻。

4. 苔藓：象征着人的思念和不舍之情，代表着生命的柔软和细腻。

5. 冬：象征着岁月的无情和人生的沉淀，代表着生命的枯萎和寂寞。

6. 春：象征着生命的重生和希望的到来，代表着生命的新生和充满活力。

通过这些意象的运用，诗歌营造出了一个充满生命力、流转和变化的意境，同时也表达出了诗人对于生命的感悟和追求。

此外，诗中运用了比喻和象征手法，增强了意境和表现力。用意象和语言相互交织，形成意境和感染，人生的美好与矛盾。诗中出现的一些富有象征意义的形象，如手臂上摇摆的苔藓，冬打成沧桑的模样，给人留下想象。苔藓的摇摆象征思念远去的寒冷，冬天的沧桑模样象征岁月的无情和人生的沉淀，春天的亲吻象征希望和生命的重生等，这些比喻和象征，使得诗歌不仅有着深刻的内涵，也有着丰富的想象和表现力，可以给读者带来了一种独特的审美体验。此外，还运用了对比手法，将冬天和春天、死亡和生命、痛苦和智慧等相互对比，凸显出生命的无常和不确定性，同时也表现出诗人对于生命的赞美和敬畏。一首诗在艺术上需要美感，在哲理和思想内涵也需要深刻。

意象与象征

两者并不完全一样，尽管它们之间有着密切的联系。意象指的是通过描写景物、事物等来表达情感和思想的具体形象，它是诗歌、文学和艺术创作中最基本、最直接的表现手法之一。例如，一首描写秋天的诗中出现的"黄叶"、"落日"、"凉风"等形象，就是意象的体现。

而象征则是意象的一种特殊形式，它通过意象的叠加和隐喻来表示更深层次的含义和思想。例如，"黄叶"可以象征着衰老和衰败，"落日"可以象征着人生的终结和死亡，"凉风"可以象征着离别和孤寂。这些象征的表达方式更加隐晦，需要读者通过想象和联想来理解。

因此，可以说象征是意象的进一步扩展和发挥，它通过隐喻和符号的运用，让作品更加深刻、有力地传达作者的思想和情感。

　　一首诗可以凭借其深刻的哲学思考、真挚的情感和意境表达、优美的语言艺术，意象和比喻手法的巧妙，把自然界的元素与人类的情感相结合，运用自然景物，与人生命运相互呼应，深化内涵。丰富的修辞手法，如比喻、拟人、排比等，可使诗歌更具表现力和感染力。可以让读者在阅读过程中不断产生共鸣和情感共鸣，得到感动和启示，并展现一个充满生命力和美好的世界。同时，也可展现卓越的艺术造诣和天然的写作技巧。

产生写作欲望的句子底稿：
我从不会经历，经验总是姗姗来迟
你看到这样的句子同意它与惯有的表达不同吗？

做一个不想瞎眼的人

昨晚是一个很深的夜晚

当我坠入爱河时,所有的星星都发光

这不足够提醒我

黑夜已经降临并笼罩着大地

地上是没有星星的

月亮只是东方诗人提出的证人

它见证了太多的酒

还有一些乡愁

它洒了一点文化在地上

这不够成为一面镜子

地上是没有月亮的

这不能怪黑夜

虚伪的是世界

有罪的是我

东方人用瞎眼自己骂自己

可耶稣治好了天生瞎眼的人

清晨尘土飞扬

突然降下的雨将它们搅合成泥,我想

那些尘埃并没有沉沦

现在,我将是一个更好的人

我是一个不想瞎眼的人

Cathy Xinman 心漫

写一首诗

文化符号和象征意象

东方文化是当代社会一个受人关注的主题。这首诗反映了东方文化的独特精神和思考方式，表现了文化认同、自豪、尊重和包容。其文学和情感表达的价值，融入了丰富的文化内涵和东方哲学思想，使整首诗丰富、多元、深刻和具有思考价值。除了文学价值，又表现了对社会和人性的反思，也使其具有一定的社会意义和价值。

另外，这首诗探索了内心和自我成长，通过对自然界的反思和感悟，逐渐明白了自我成长的方向和目标。这种对自我探索和成长的表现也是现代文化追求的一个重要主题，因此这首诗也体现了当代文化的思潮和价值观，可以被解读为对于人生和人类文化的思考和探究。诗中通过情感对于世界的观察，表达了对于人生和文化的认识和思考。

一些表达方式，如"清晨尘土飞扬，突然降下的雨将它们搅合成泥"等，暗示着生命的起伏和波折，表现了诗人对于人生的思考和认识。

在这首诗中，"大地"可以被视为一种象征，代表着人类生存的土地和环境。诗中提到的"地上是没有星星的，地上是没有月亮的"，暗示着黑夜笼罩的大地的缺陷和不足。诗人通过这种象征，表达了对于人类生存环境和人性的思考和反思。

此外,大地也可以被视为诗人内心深处的一种情感和感受。在诗中,诗人通过对于大地的描绘,表达了对于生命和人生的深刻感悟和思考。诗中出现的"尘土飞扬"和"降下的雨将它们搅合成泥",也暗示着人生中需要面对的各种挑战和考验。

诗中运用了大量的文化符号和象征意象,如"星星"、"月亮"等,展现了诗人对于人类文化和历史的关注和思考。

诗中还表达了对于世界和人性的批判和反思,如"虚伪的是世界,有罪的是我"等,使得诗歌更加具有思想性和文化内涵。因此,可以说这首诗是在借助讲述情感和爱,实际是在探究人生和人类文化的意义和价值。

总之,这首诗体现了独特的东方文化精神,表达了人类内心探索和自我成长的思考。一首诗的语言简练、意境深刻,可以使其具有一定的文学价值。

诗的构思和表达方式

独特,展现了独特思考和观察力。它通过自然景象的描绘,探讨了人类内心的情感和矛盾,展现了对人类情感和精神探索的思考和感悟。

其语言、意境,给人留下思考。使用了一系列比喻和象征手法，例如星星、月亮、酒、乡愁、尘土等，这些形象描绘了诗人对自然和人类的认知和情感的感受。

此外，这首诗中还体现了对现实社会和人性弊病的反思。诗中提到了世界的虚伪和自己的罪过，反映了对当代社会和人类内在弊病的认识和批判。通过对自然景象的描绘，凸显出自然和人类的对比，突出了人类自身的矛盾和弊病。这种对现实社会和人性的反思，既表现了诗人对社会的关注和责任感，也体现了当代文学作品的一种社会责任和批判性精神。其文化内涵和东方哲学思想，通过对自然景象的描绘和人类情感的表达，融入了中国传统文化中的诗意和哲学思想。也表达出对于东西方文化之间的交融和借鉴的思考。

除此之外，这首诗的语言通过运用修辞手法和象征意象，创造出了诗歌的独特韵味和文化氛围。诗中"所有的星星都发光"、"月亮只是东方诗人提出的证人"、"虚伪的是世界，有罪的是我"等表达方式，运用比喻、拟人、排比等修辞手法，语言生动、形象、引人入胜。此外，诗中还出现了一些象征意象，如"尘土"、"泥土"等，表达出诗人对于生命和情感的思考和感悟。文学造诣和文化素养，可使一首诗充满诗意和文化气息。

虽然这首诗描绘了情感体验和思考，但并没有明确地表达对于爱的讲述或描述。相反，诗人更多地是通过对于自己内心的探寻和对于生命、文化的思考，表现出对于人生和世界的认识和思考。虽然诗中没有明确地表达对于爱的情感和观点，但是诗中出现的一些表达方式，如"坠入爱河"、"乡愁"等，可以被解读为对于情感状态、体验思考和表达。这些表达方式为读者留下了一些情感上的余地和思考空间。

Cathy Xinman 心漫

用东方口音的诗句祈祷

她的吊梢眉还有丹唇
令小镇的石板路上长出风景
我的表姐,有一双丹凤眼的表姐
嫁到了沈从文的《边城》
月亮都欣赏她的温柔

等我的丹凤眼长出来时,我以为
她就是我亲姐
为了我,一个粉面的小不点
她站在家门口
左手端着印有金边的小圆瓷碗
右手上的筷子敲打着碗边
生气的辩论、古老的黄昏
涂抹了她整个火药的身体

我至今不知道
她大声叫嚷的因缘
隔壁邻居,只隔一个木板墙的邻居肯定是知道的
为了我,我一定是一个单纯的小不点
鸟和古人一定知道,这个东方遗留的骂街方式
发泄愤怒的方式
它的存在是一件伟大的事情

我一定不能浪费很久以前的心灵

铁店汗流浃背，铁匠脱光衣服只剩下裤衩

打铁说一句喊一句，只打造菜刀、锄头和十字镐

锁业是默默无闻的艺术品

你能看到，太阳升起时

小镇家家没有挂锁

这意味着什么

请听东方月亮诗人的抒情

如今，她的心都碎了

她看不到可以安慰的事情

她曾经像精神病专家一样-用诗

充满信心地倾听

她以为她可以继续说话，可以抬高音量说

她听到破门而入的恐怖，星星的床，月亮的船

像纸一样被摧毁

在痛苦的尽头

又看到歧视的声音

打开一扇门，又打开一扇门

你想要什么？

Cathy Xinman 心漫

请听东方月亮诗人真诚的哭泣
她的泪水匮乏
她又看到冰山一角
数字正在加速,虐待老人正在严重
精神虐待,财务虐待-被忽视待遇
年龄歧视待遇
我意识混乱、抑郁焦虑、原因不明的受伤
一谈到虐待-我就畏惧和担心
我害怕
我对预防依旧知之甚少
我正在变老
我们每一个人都一样
无可救药,都在集体走向老年
我想要什么?

她的吊梢眉还有丹唇
我至今不知道
是否看到了小不点妹妹如今生存的可怕
请允许我,使用她的诗
报告一些寒冷的无门无窗的夜晚
报告一些无关痛痒的侮辱
请允许我祈祷,用我东方口音的诗句
期待不歧视种子发芽

Flowers Kiss the Volcano 花吻火山

我有责任在春天种下生命的种子
我爱这片土地
好像它们需要我
我爱草地上奔跑的孩子
我祈祷他们的快乐充满了地球
我爱人类,我们一同经受病毒的考验
我们一同承受隔离和伤亡
好像我是一个脆弱的诗人
除了痛苦,我只能不停地叫喊
呼唤同样的灵魂
现在是春天
请听一位东方月亮诗人的渴望
我希望它仍然是温柔的

Cathy Xinman 心漫

写一首诗释怀

一种看法东方文化

　　整首诗充满了东方文化的情感和意境。一首感性抒发和思考的诗，用流畅的语言描述过程，也表达了她对现实中存在的各种问题和不公的关注和思考。是一首充满情感的诗，用了大量的隐喻和象征来表达她对生命、人性、社会和世界的看法和思考。

　　她通过表姐的形象表达了对美好的向往和追求，以及对时光的回顾和怀念，同时也展现了生命和人性。

　　诗中的表姐美丽动人，温柔善良，有一双丹凤眼，让小镇的石板路上长出风景，让月亮也欣赏她的温柔。她站在家门口，端着印有金边的小圆瓷碗，用右手上的筷子敲打着碗边，生气的辩论、古老的黄昏涂抹了她整个火药的身体，她至今不知道她大声叫嚷的因缘。但是她认为这种发泄愤怒的方式是东方遗留的骂街方式，是一种伟大的存在。整段文字描绘出了一个富有生活气息的场景，也似乎暗示了一种反对压抑和歧视的态度。

　　她然后通过铁匠、锁业等细节，展现出文化、生活和价值观。引申到锁业和打铁等传统手工艺，借此反思现代化进程中的文化失落和价值观的淡化。反映了社会的变迁和文化的消失，以及对这些变化的思考和担忧。

她在描绘社会现实的同时，也表达了对人类共同问题的关注和思考，如歧视、虐待老人、年龄歧视待遇、精神虐待、财务虐待被忽视待遇等问题。这些问题的存在反映了社会的残酷和不公，她呼吁人们关注这些问题，尊重生命和人权，并用自己的力量去改变。最后，她表达了对自己和人类未来的渴望和祈愿，希望能用诗歌为这个世界带来更多的温暖和美好。希望生命能够继续延续和发展，人类能够团结和前行，希望自己的诗歌能够成为一个种子，传递希望和温暖。这首诗充满了激情和力量，表达了她深深的情感和对未来的希望。

另一种看法

尝试探讨表现对土地和人民的热爱和关注，以及对歧视和不平等的担忧和反思。关注和关心不同群体的生存和尊严，以及呼唤和平、温暖和互相理解。她通过东方文化的元素，探讨了成长、家庭、社区、历史和文化的联系。用了简洁而又富有想象力的语言，描述了一个小镇生活的场景，表现了人类的力量和希望。同时，她也关注了当下的社会现实，呼吁人们关注和关心不同群体的生存和尊严，以及呼唤和平、温暖和互相理解。整首诗语言流畅、富有韵律感。

从诗歌的结构上看

这首诗使用了大量的象征和比喻手法，以及不同的语言形式，包括描述、叙述、抒情、呼喊等，使整首诗具有丰富的层次感和情感张力。此外，诗中的细节描写，比如表姐的丹凤眼、印有金边的小圆瓷碗、铁店的工作场面等，都能让读者对诗歌中的情境产生鲜明的印象。它由一系列自由流动的意象和情感组成，构成一个个片段，整首诗在情感上呈现出一种渐进式的发展，从个人的记忆和情感出发，深入到社会和人类的共同体验。

一首诗，如果能够展现诗人的才华和敏感度，而且通过具体的情境和生动的形象，向读者传递深刻的人生哲理和社会关怀，那么，这可能是一首有思想、有情感、有美感的诗。

从语言的角度来看

这首诗运用了意象和修辞手法，如比喻、拟人、对比等，使其具感染力和艺术性。同时，也融入了一些口语化的表达和东方文化的元素，给人一种亲切和贴近的感觉。这首诗尝试用语言抒情、情感真挚，流畅、自由，充满诗意和意象，表达对生命、土地、人民和美好的向往和追求。

一首诗，如果语言表达力很强，可使诗生动有力，打动读者的情感。

诗的主题

　　这首诗可能涉及到一些普遍的主题，似乎是关于生命经历、对家庭、文化和社会的思考、对歧视和对人类的关注，以及对美好未来的渴望。诗中运用了大量的隐喻、比喻和象征手法，以表达作者深沉的情感和对现实的观察和思考。总体而言，这首诗的主题可以概括为个人命运与社会现实的交错与碰撞，以及对未来和平、平等、尊重和团结的向往。

　　主要探讨了个体、家庭、文化传承、社会问题以及对未来的期许等方面。尽管这些主题的呈现方式不是非常明显和直接，但通过诗人使用的隐喻、象征和情感表达，这些主题得到了深入而有效的探索。

　　诗人在这首诗中通过虚构叙述故事，表达了对家庭、文化、社会和人类的爱和关注，同时也探讨了社会问题和未来的希望。

Cathy Xinman 心漫

爱

你感动了我
像五旬节说的那样
仿佛拥有了非凡的能力
猛风的声、火舌的形
你救了我，骤雨应该记得我
我的舌头在下雨

好像是你需要我，不是世界需要我

你的呼吸在我肺里
我破碎的心，应该记得我
你救过我。忘恩负义的心，应该记得我
我从来没有献出我自己

是你呼唤我，我一直以为是我在爱你
我回来了
原来是你一直在爱我

你的赞美将总在我的唇

Flowers Kiss the Volcano 花吻火山

来吧,靠近一点
黑暗中,持灯又备油的女人
让全身灵都接受洗礼
原来你所有的一切都是为了我

你的赞美在我的口里
现在,拿起你的诗
拿起在困苦穷竭中获得的灵感
启示通往光明的磐石
我有责任,写诗给熟睡的婴儿
让他快乐打鼾的小嘴感动你
他应该记得,喜乐
让你得到

写一首诗

　　尝试让情感和内涵仍然可以超越，带来启示和感悟。不仅是个体信仰和敬畏之情，也是呼吁人们用自己的力量和才华去感染和鼓舞周围的人，也表达了对人类的关怀和责任感。它的情感和内涵可以超越界限。

智慧鸡汤

我有一位朋友
他认为自己是有真智慧的
他的情商不是低的
他的欲望也不是很贪的

他的眼睛看得到价格
脑子里可以测出来
数据对自己的冲击力
我曾经羡慕他带金币的视线
他真的在与人说话
他看人的价格异常出色
没有人愿意把自己变成价格
有些人是价格，我也是

我和智慧辩论
做危机处理
我该有的智慧教导在哪里？
有见识的人在哪里
在他面前我很愚昧
在他面前争一口气
我觉得自己不聪明
我很难过

我要好好对灵魂说
我也有责任
眼目被别人拿去
我看起来像猪
我一想到猪,心里就甘甜
因为没有任何人可以把我变成猪

写一首诗

诗歌不仅是一种文学形式,更是表达人类内心世界的一种方式。这首诗用对比性的探讨,讨论人们在现代社会中关于价值观念的失衡和智慧的定义。从个人角度来看,这首诗表达了个体对智慧的不足感和看待价值观的质疑,同时,这首诗也暗示了一种追求真正智慧的可能性,这需要一个人拥有更高的道德和精神素质,而不仅仅是物质上的财富或地位。

借助了具象化和象征手法,如将人比作价格、将自己比作猪等,通过寓言的方式将深刻的思想和人性的一些弱点直观地展现出来。

诗中,作者运用了自己的经验和思考,对人性的一些问题进行了探讨。表达了在成长过程中的焦虑和不安。抒发出对社会现象和价值观的质疑、反思和思考。诗歌运用了现代社会中人们所关注的"价值观念"这一话题。情感的表达和思考可让读者理解和产生共鸣。

具象描写

这首诗通过一些具体的形象描写,如"带金币的视线"、"眼目被别人拿去"等,描绘了现代社会中人们追逐金钱和物质的现状,提醒更加重视精神层面的追求和内心的成长。

这首诗也通过对智慧和价值观念的讨论，探讨了人类的精神世界和内心的追求。在现代社会中，人们往往更加关注物质层面的追求，而忽略了精神层面的追求，这种现象是人类文明发展中的一个问题。这首诗正是通过对人们精神追求的探讨，提醒重视精神层面的追求，关注自己的内心世界，找到真正属于自己的智慧之路。

一首诗的语言

如果能用简洁明了的语言和深刻的思想，探讨现代社会中人们的价值观念和精神追求的问题，词语生动、语言表达富有诗意和文学性，意义深刻，表达对现实社会和人性的深刻关注和思考，通过极少的文字，表达深刻的思想和观点，是具较高的文学价值，是值得深入探讨和引起了读者的共鸣和思考、反复品味的。

一首诗如能充分表达作者对人性的思考和追求，同时在语言表达和意象描写方面具有较高的艺术性和思想性，是具有高的文学价值的条件。如果能让读者思考人生的真谛和内心的追求，是值得欣赏的作品的基础。

这首诗中对"猪"的描写也具有深刻的象征意义，它的象征性依据文化会有不同的理解，也象征着自我意识和自我认知的重要性。

这首诗表达了作者对人性的思考和追求，同时也在语言表达和意象描写方面具有艺术性和思想性，具有文学价值的特征。可让读者思考人生的真谛和内心的追求，深入研究和欣赏。

起初灵感及底稿：

扣留祝福

自己在跟智慧

没有谁可以改变我

披上羞耻

没有感觉

撕裂衣服

丢到火里

你认为一些句子没有用在诗里，是与主题的情绪有关吗？还是在写诗过程中情绪发生了变化？

Cathy Xinman 心漫

硅谷银行逐渐升华

芦苇都倒下了
只剩下冬天
无情继续发芽

避风港，不知还有什么
不让我渴望
我抓紧残颓搜索
透过网络流露出去
焦虑需要医治
这么多人在受苦
美元，昨天是避风天堂
今天又是受难天使

人是聪明的物种
抛弃了知识和科技
还剩下智慧

我们去硅谷

争先恐后把钱存到硅谷银行

啊，Silicon Valley

流奶滔滔之地

死海无法想象

谁知道，钱去了倒闭

雪后，树木披上了银外衣

有形的一切

还有哪样可以经受烈火焚烧

在灾难的尽头，坐着钱的奴隶

起来，不愿做奴隶的主人

这是个开始

Cathy Xinman 心漫

读一首诗

2023年硅谷银行破产

　　这首诗的名字，突出了诗中的一些主题和意象。硅谷银行是诗中的一个具体事物，它可以代表现代社会的金融和科技领域，也代表了人们对财富和成功的追求。在"硅谷银行"这个形象的基础上，使用了"逐渐升华"这个词语，可以让人们想到金融领域的成长和发展，也可以引申出一些关于人类文明和发展的思考。这个名字可以概括诗中的一些主题和思考，为诗赋予一个具有象征性的名称。

　　"有形的一切，还有哪样可以经受烈火焚烧"，这两句诗可以被理解为对生命和存在的思考和质疑。它表达了一种对人生、世界和宇宙的不确定感和追问。一方面，"有形的一切"，可以指代我们所能看到、摸到、感知到的事物和物质世界，它们都是有形的、具体的，但也都可能被时间和破坏摧毁。另一方面，"烈火焚烧"则可以被理解为痛苦、灾难、破坏和毁灭的象征，它们可以摧毁人类的一切努力和所有的事物。因此，这两句所表达的思考和质疑可能是：在这个瞬息万变的世界里，我们所能看到和拥有的事物都可能面临灾难和毁灭的威胁，人类的力量和智慧或许也无法扭转命运的轨迹。那么在这种情况下，我们还能相信什么？还能依靠什么？这也让我们思考人生的意义和价值，以及我们应该如何面对生命中的挑战和困难。

这首诗充满了哲学思考和社会批判，通过对自然、科技、金钱、智慧等元素的反思，表达出对现代社会的忧虑和对未来的期望。一首诗如果能运用意象和抒情语言的表现力，呈现富有的内涵和价值，是可以让人产生共鸣和思考的。

诗的语言

这首诗的表现形式较为朴素，使用了简单的词汇和语句，但在表达一些主题和情感方面是比较清晰和生动的。作者尝试通过诗歌来表达自己的思考和感受，这也是诗歌的一种作用。这首诗的语言表达深沉的思想没有过于繁琐难懂，让人易于理解，它或许不是华丽的词藻和优美的修辞，但它如果做到了朴实无华，就可以使诗歌更贴近生活和读者，让读者更容易理解和接受诗歌所表达的情感和意义，更容易引发读者的情感共鸣。因此，这首诗最大的亮点也在于它的思想和内涵，以及贴近读者的语言表达。

这首诗节奏自然流畅，有一种内在的旋律般韵律美，增强了诗的感染力和艺术性。一首诗的思想深度，与内在的音韵美感，是构成富有审美价值的诗歌的要素。从语言的角度来看，这首诗的语言比较普通，没有太多华丽的修辞或词汇。这可能会使得诗歌的表现力受到一定的限制，或不能在语言上给人留下华丽的印象。但是，语言也可以从简单中获得美感，简约而又质朴的诗歌语言具有其独特的魅力，而且在实践中，更多优秀的诗歌是运用简约单纯的语言，这是一种比用华丽的词汇，更难自然和诗意地美好呈现的表现，因为华丽的语言外表本身有一种装扮或字面上的伪装。此外，诗歌的表现力不仅仅取决于语言本身，还与诗人的思想深度、情感表达等因素密切相关。因此，看一首诗，语言外表可能比较普通，朴实无华，更要看是否新奇和与众不同，及其所表达的思想和情感，是否是一种真挚和深刻的情感。诗要与众不同，首先，语言要新奇。而且华丽与普通不是对立，不是漂浮在外表的，也是内在的合一。

诗的现实意义和社会批判

诗中对现代社会中人们的焦虑、贪婪、奴役等现象做出了思考和批判，同时也呼唤关注思考那些真正有价值的东西。这种对社会现实的关注和批判，使得这首诗不仅是一篇文学作品，更是一种社会关怀和思想启示。此外，这首诗还表达了一种关于人生和社会的思考和反思，探讨了当今社会中人类所面临的问题和挑战。这首诗的亮点也是它所蕴含的思想和内涵。通过对自然和科技的对比，以及对金钱与灾难的对话、对比和碰撞，揭示了人类面临的一些重大问题和挑战，诗歌展现出一种对人性本质的探索和反思，所表达的人性探索、社会关怀和文化反思，可以让人们产生深刻的思考和启示，使得诗歌更具有文化价值和思想性。让读者产生对现实的思考和启示。

一首诗，深刻的思想内涵和人生哲理，是其具有文学的价值和意义的要素，使得它不仅仅是一首诗，更是一种思想的表达和文化的传承。

诗的结构

诗中通过对元素和意象的转换，使诗歌呈现出一种逐渐升华的感觉，升华出了一种思想和感受。从开始的自然景观，到科技和金钱的探讨，再到最后的社会批判和人类的期望，整首诗呈现出一种逐步深化的情感和思考。这种结构上的升华，让整首诗更有层次感和思维性，增加了读者对诗歌内涵的理解和感受，更容易理解诗歌所表达的主题和情感。这首诗不仅在语言和思想上有其特点，结构上也表现出一定的艺术价值。最重要的是，这首诗对当今社会的关注和思考，可让人产生对人生和社会的思考和反思，从而更具有思想性和文化价值。

故事的余音

我从来不跟别人说
我想做一个听话的孩子
没有谁相信我——
因为我已经长大了
我慈爱的母亲却不这样认为
在别人踩到我前,我的母亲紧挨着我
我相信她目光炯炯
盯着不必须拥挤的人群
大家都习惯挤着走,因为空间贫瘠混乱

在我的脚痛加大,我说对不起前
我的母亲不喜欢这个词
就像是走在首尔那条致命拥挤的小巷
有人发糖,有名人表演
我的母亲知道我会说什么:
对不起

Flowers Kiss the Volcano 花吻火山

她花了很大力气
向我证明那人是故意踩我的
太棒了,我终于相信母亲了
我也没有什么-需要成熟的
那些故意的小把戏
会有很多深刻的发现
我要在乎吗?
今天太阳出来了,虽然我觉得很冷
现在是春天
绿色的叶子仿佛没有厌恶的现实

读一首诗

这是一首情感丰富、有意境的诗。我欣然倾听那内心深处的呼唤，想做一个温驯的孩子，却因对他人的信任而受到对方的伤害，我已然成长。只有我慈爱的母亲能够真正了解我的内心。她总是坚定地站在我身旁，目光炯炯，注视着那些莫须有的拥挤和混乱。

我不需要过早地变得成熟，也不必去关注那些恶意的小把戏，因为在生活中，总会有很多深刻的发现，值得我们用心体味。今天，阳光绽放，虽然我感到寒意袭来，但春天已经到来了。那绿色的叶子仿佛没有被现实的残酷所打击，仍旧茁壮成长，这真是一种美好的希望。

这首诗充满了对母亲的感激和依赖，同时也表达了一个成年人的自我怀疑和内心矛盾的情感。一个"听话的孩子"，但也承认已经长大了，而母亲则一直陪伴在他身边，保护他免受伤害。诗中的描写富有意象，如"目光炯炯"、"空间贫瘠混乱"等。最后的两句话有意味，表达了对于生活中美好事物的感悟，但同时也有一种潜在的忧伤和无奈。

青春的故事

这世界太可爱了,去年的蒲公英还没到
今年的樱花一早就红了
不知道树枝它们晚上做了什么
树木的每一根手指是春夜的见证
温柔的湖水,静静地流

我忘了,蒲公英睡着啦
经历了苍老和青春的故事
三月的雪水浸过它的骨头
在寒冷的面孔被太阳的火炬照红前
只有砂石路旁的沉默
你怎么会放弃这春日的激情

我从你旁边经过,草唱着平静的歌
我听见钥匙开门的声音
你跟风说了什么,在我们去年相爱的地方
寂静的石块在呼唤
我失意的爱情又过了一天的等待
那摇动我青春的蒲公英
我们不说话,因不用说话而安心
我们不喝茶,因不用聊天而默契
我知道我活着
我们都喜欢这样的结局

Cathy Xinman 心漫

读一首诗

  这首诗涵盖了春天的美景、岁月的变迁、等待与静默等主题，对生命和时间的珍视和敬畏，同时也反映了人与自然的密切关系和相互影响。如果一首诗有统一标准或一致的解读，这首诗的写作和解读都会失去它的意义。

起初的灵感句子：
烦恼好像无处不在，又仿佛无影无踪
云，一直在高处
多得已让我平庸
你不用担心平庸
在古老而平凡阳光下
我知道我活着
你同意活一辈子有时候不知道自己是活着吗？

真理与虚构

在地球上做一只苍蝇是不幸的
它应该去火星
在那里，任何生命都是惊天的

在这个幸运的星球上
天空下，想一想我需要什么

我希望自己是刚来此地的游客
前有未得之地，荒芜之地
等我去承受去开拓

像一只老鹰，让它带到宽阔的境界
让我超过一只鸡—
在地上的作为

我看得到自己
我没有与鸡争食
你说我-不是这一代的人？

亲爱的苍蝇
你是幸运的
因为你不认识我

读一首诗

写一首让人深思、传达一种对于生命与世界的追求和探索的诗是有意义的。诗中通过对于苍蝇和自己的比较，表达了对于在这个幸运的星球上的生命的不满和渴望，希望能够去探索未知的领域，去承受和开拓荒芜之地。诗中也强调了对于个体价值的重视，不愿意沦为一只争食的鸡，而是希望像老鹰一样展翅飞翔，超越现实，探寻更加宽广的境界。整首诗流畅自然，诗情深沉，给人一种自由、豁达和追求的感觉。地球上的生命面临着很多问题和挑战，而如果一只苍蝇去了火星，它会变得很幸运，因为在火星上，由于没有生命，它将成为那里的唯一生命，更显得珍贵。这也强调了生命的宝贵和珍贵。

表达了一个人对自己处于这个星球上的思考和反省，认为在这个星球上有很多东西是非常宝贵的，而自己需要想一想自己需要的是什么，以便更好地珍惜和利用这些宝贵的资源。这也可以理解为一种对生命和存在的思考和反思。

这首诗用了比较反讽的口吻表达出自己对于人类社会的不满和批判。在这个世界上，苍蝇并不了解人类的复杂性和残忍性，所以相比之下它们是幸运的。人类社会中存在很多问题，包括社会不公、贪婪、战争等等，这些问题让人类不堪入目，而苍蝇却无法理解这些问题，因此不用承受这些。当然，所有的解析都可能是徒然。每一位读者都会有他自己的理解，这也是诗的魅力。

起初的灵感草稿:

这就是我们今天要说的，遍满人在江湖，天天在狮子的口中生存。

Cathy Xinman 心漫

磨难与成长

你怎么可以想象
告诉我，你知道的黑暗-
就一定给我痛苦
生活有很多压力，我不可能让
黑暗-都满足它的欲望

我一整天都在努力证明
我黑色的眼睛
不只是为白天而活
也为夜晚而活
现在在黑暗中
你需要什么？
我需要睡眠—
别想折磨我
我的星星替我照顾黑夜

读一首诗睡觉

"星星"这一形象十分巧妙,既表达了对自己的关心和爱护,也表现了对自然的敬畏和感恩之情。这首诗用了富有表现力和感染力的修饰和词藻,给人以清新自然的感觉。通过简单的语言,表达了情感和思考,这种直白的表达方式,容易让读者产生共鸣和感受到情感的真实性。

运用了一些生动的形象——黑暗、眼睛和星星等,这些形象扮演了重要的角色,不仅让诗歌具形象感,也增添了几分神秘和浪漫气息。诗人的"星星"形象让人感到温暖和宁静,表达了爱,也呈现了柔情和温暖。

这首诗给人的印象和启示是,通过黑暗的形象和自己的眼睛,向读者展现了一个不屈的灵魂和坚强的意志。表达对黑暗的不畏惧,展现了人类面对生活困难时的决心和勇气。同时,整首诗尝试语言简练情感深刻,具有感染力和表现力,可以唤起读者内心深处的共鸣,也能够启迪思考,感受心灵洗礼,并让这首诗的思想价值和艺术价值得到呈现。

这首诗虽然短小,却可以使人不禁深思。诗人通过黑暗的形象,表达了人生中的压力和困难,但不被这些挫折打倒。他用自己的眼睛为自己证明了黑暗并不能将自己完全淹没,即使在黑夜中也仍然有着光芒。这样的形象强烈和令人感动,具有一定的启示意义。

一首诗的语言如果—质朴而深刻，富有感染力，可以帮助展现诗人真挚的情感和强大的表现力。

起初灵感句：
愿那闪烁的星辰
照亮我黑夜中的前行之路
你同意这两句在写诗中被诗化了吗？

3

一朵花的勇气

写给新年的信

我听着新年的声音,唱着
踊跃的热情
被新的一年所接受,它向我走来
我的灵魂之井四溢
让我们在你的幸福中描绘自己
愿我们都能庆祝新的一年

新的一年是新的一年
愿我们度过这些美好的时刻
与我们的朋友和亲戚一起
愿你在最好的祝愿名单里
我的灵魂啊
让你把它洗得洁白如雪
我的朋友们啊
让我们大发慈悲
让它燃烧太阳

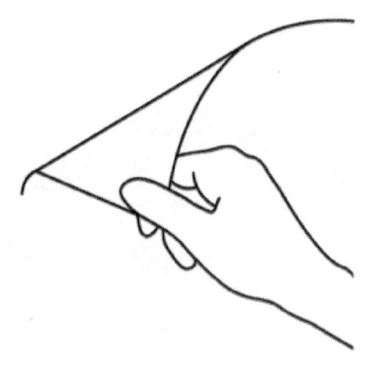

新年,让我带美酒到你唇边

欢喜,我的心爱
我倾尽全力
尽心尽性爱你
创伤的人类
让无辜的花朵接待他们
太阳从早上出来
我伸展平凡的眼睛
那拥挤的树林啊
在粗糙的树干上
招引着我情不自禁
抚摸它不缺乏的岁月

欢喜,愿你祝福
这大地纯洁的站立
我来自东方
在美洲这块大地上
用我黎明的眼睛
寻找人类心灵的珍宝
现在,新的光明已到
新年,让我带美酒到你唇边
你的颂歌与我的诗歌一起启航

我爱的春
是黄金，是钻石
我爱的宏亮的歌声
是碧空，是沙滩
让我靠近你的唇边
让我如美女露出红晕
让太阳也羞红了脸
让绽开的笑容开在人类的心里
让诗人泛出每一行诗
是爱是抚慰是芬芳
是欢喜

天生万物玉兔报春

时光，青草上的气味已足够
丰盈我的唇
三生万物
岁序，峭壁上的一朵花
已足够涂满笑颜
已足够装满我的眼

亲爱的，请跟随我
我们要飞跃宇宙
你的心啊一定装满了思念
不知道我日夜
就在你身边

我承认我路过了虎的冬
我从没看到过兔子走路
我承认我路过了月亮的心
我看到了好跳的兔
这个当之无愧的长跑冠军

亲爱的,你要相信要热切
我们路过了光年
我们迎来了兔年
我们要披阅安徒生童话
我们要点评日月星宿
我们要摇滚天赋
诗意蓝图

飞翔吧
1000亿颗恒星
1000亿颗行星
飞翔吧
亲爱的银河系啊太阳系
我们不止是浓情蜜意
不止是空气、尘埃、星际传奇
不止是光年和万年

啊,与深情的太阳相吻
不止是海天相恋
不止是爱是光是希望
那八大颗行星和卫星
那小小的地球
那唯一的生命天体

Flowers Kiss the Volcano 花吻火山

飞翔吧我的爱
你要相信要热烈
我们要品尝爱情的神圣
我们要点燃天宇更新时光

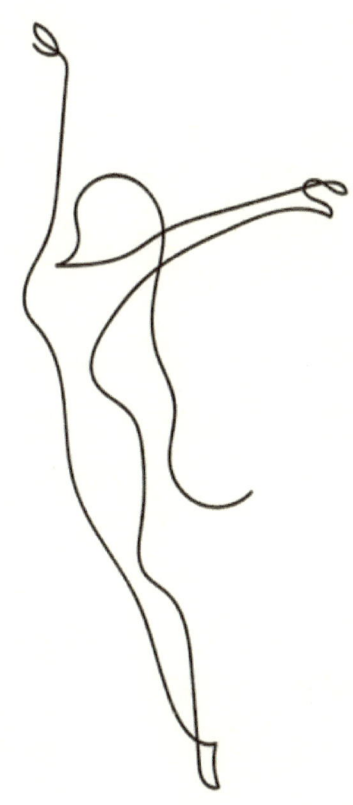

Cathy Xinman 心漫

《花吻太阳》：一朵花的勇气

今天我看到自己

我有责任来拥抱

我有责任来感谢

我存在的勇气

我自信的诗歌

我自然的声音

精致、令人难忘——（评论家选择这样的感觉）

我穿蓝色简朴的衣服长大

我对善良、宽容、慈爱的热情

正像我欣赏的女性

单纯地赞美

机智的五彩缤纷

出生成熟的诗句

我看到大地上时间的伟大

我的"的确凉"衣服确实了不起

我的-的确良dacron横空出世

我所向披靡的抒情

音域宽广忧伤而华丽

继续颂歌那些换了名字的面料

继续记起引领过鲜亮、挺括的单调涤纶

polyester

当年夏天-我穿着我的-的确靓
我懵懂的眼睛特神气
大街小巷哼着夏天夏天
特温柔
我几乎要忘了的-灯芯绒
千万别错过2023年一月的诗歌
《花吻太阳》
我用它送给二月的玫瑰外套、法式衬衣
确实结实耐磨
确实经过了冬日的棒打
它无愧于时代

想当年,穿上一件并不凉快的"的确良"
并不透气的dacron
是不得了的事
想当年,
人民群众战胜困难精打细算节约棉布
布票定量下调到24市尺
布票不够,补丁太多
想如今,我的新诗集《花吻太阳》
从100多页不得不上调到422页
想当年,大人小孩戴上保护衣袖的袖套
炎热的夏天-的确凉
我的-的确靓
挺括不皱、不变形、不怕霉蛀——（时代评语）
干得快

想当年,男女一个样
统一颜色灰、蓝、黑
伟大的-的确良冲击着历史
制造了美的恋爱史
难怪人们趋之若鹜
想当年,我穿上的确良做的假领子
简单地实现对美的难忘
那裙角飞扬的少女
是否爱上了那个
穿雪白"的确良"衬衫的少年
满足的样子会不会随风飘扬

"夏天夏天悄悄过去留下小秘密
在心底
不能告诉你"——
金色的阳光啊美丽的少女
火热的青春羞羞答答的时代啊
我的《花吻太阳》的确凉
献给这三年经历的白天和黑夜
不忍释手的惊心动魄
献给深奥之美
献给丰富之人类
献给痛苦的Covid披露与煎熬
优雅的动人
陷入忧伤的翻越
男人啊女人,你不止是诗歌
不止是令人激动的邂逅

不止是有责任来拥抱生命
拥抱自己

发酵的岁月采集的光束
我心里的宇宙,我的坚定我的信念
我从不发誓
在宁静的大海拥抱的波浪前——
在蓝色对大海的忠诚前
我用我的沉默说话
我不争辩
阳光依然金灿灿
那是《花吻太阳》的清醒
那是生命的热烈
以她的勇气存在
以她对公义、悲悯、谦卑的渴慕
诗歌将继续为真、善、美阅读
为爱讴歌为生命发挥

Cathy Xinman 心漫

我祈求不放弃的希望

我想象的人迹罕至
在被隔离过又放开
扎根在内室又流散在时空
我们的2020
你们的2021
他们的2022
属兔的2023

我那有血有肉的土耳其啊
我我甚至不确定她是否还活着
"她脸色苍白、冰冷、沉默
她的四肢是蓝色的"
她布满了瘀伤
围观者欢呼
她是婴儿Aya
在叙利亚废墟中
她104小时被大地震掩埋
人们哭泣又拥抱
我祈求奇迹
我我左边眼睛流泪
我右边眼睛看

那在瞬间消失了的

那在坍塌中摧毁的

请不要再补充

我穿着UGG棉鞋和始祖鸟雪衣

对法新社说，对CNN说，对CTV说

我的心不接受

我爱的土耳其人民啊

不单是因为您全国书店

选上我的英文诗集

选上了我的中文诗集

我感激，我从来没有到达过

我想象一个爱诗的民族

让诗飞翔的国度

我祈求希望从来不破灭

我祈求疯狂救援仍在继续

我祈求糟糕已过去

我祈求未来和现在都不再受苦

我祈求幸存者不再渺茫

无家可归者

情况不再紧急不再急迫

那在废墟中挖掘的

希望不破灭

等待不焦急啊

Cathy Xinman 心漫

我诗人的能力已失去了想象
苦苦挣扎的城镇
孤立的人啊

熟悉战区紧急情况的
乌克兰救援人员从战区飞去了
我们帮助土耳其
我看到城市消防人员也飞去了
我看到土耳其旗帜与加拿大旗帜一起
那是捐助团结互助收集物资之处
噩梦中的噩梦啊需要更多的援助
你需要更多
我祈求更多的援助正在路上
正在路上
是的
但还需要更多，更多
我的心发颤
我的手发抖
我需要救济
那为生命努力的土耳其人民叙利亚人民
拯救没有阻碍
拯救生命和重建啊

悲剧骇人听闻
严寒、缺乏药物、缺乏毯子
缺乏必需品
威胁生命
几乎一无所有的人们啊
我祈求急需的食物、衣服和住所
数百万儿童急需的食物、住所和保暖衣物
我祈求这一切都不是冰山一角

我祈求避难所
我祈求温暖
祈求爱和希望
祈求擦去脸上的泪水
祈求紧急呼吁
祈求争分夺秒
祈求无人被遗忘
我祈求人类的勇气
我祈求不放弃的希望
天寒地冻,我打碎我的心
来祈祷
我祈求痛苦可以用语言形容
颤抖的境遇啊
我祈求安慰和爱

世间除了快乐和痛苦

我辞别混泥土的空间
来到海边
安静、充满了灵感
因为不认识任何人
眼睛漫步，怎么度过可观的快乐
我把沙滩占为己有啊
此刻，我多么想我的多情
多么想大海装入我柔弱的怀中
连同孤独的木头和蓝色的风

我继续写诗，用我的星星
我用它认识黑夜，用它神秘的眼睛
用那遥远的距离俯视世间
坐在洒满阳光的椅子上
此刻，我多么想它的多情
多么想星光如私奔的少女
在夜晚与黎明的诞生处
进驻我们的房子，在海边
我们收集很多单纯的鹅卵石
它们来自千万年前
被挤压、打磨，我爱上了它
如同爱上的自己

我只想说,我爱你
如同为人舍命的救赎主,爱你
胜过世间万物
我们用海水说话,用它的胸襟
它的腹腔,它的嘴
如果有一滴泪,如水滴落到了心底
那是我用血泪奔腾的诗篇
那是世间除了快乐和痛苦
还有我的声音
那是在人类的雨中,在浪的海中
我们都要经历,我们不得不认识彼此

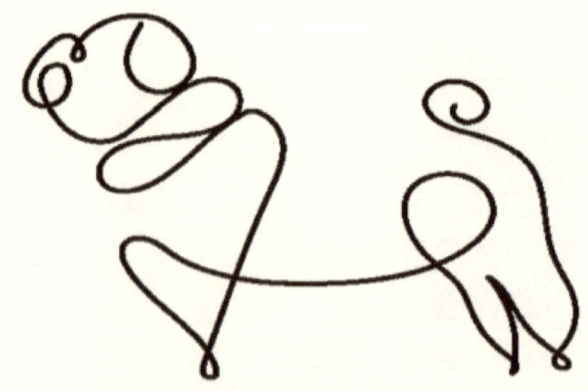

4

爱与痛苦

经历与意义

金色的温度-趴在玻璃屋顶
准备过中午的阳光
都相遇在这里
和人在一起的是燃烧
如果我们理解，爱的语言

在这里说痛苦是一种罪
周围的人仿佛都笑着

水再次进入眼睛，我总是很镇定
泪是软的
如果买不到快乐
太阳会照顾我吗？

过周末的塑料做的心是有颜色的—
红色的，粉色的站立在屋子里
在桌上，它们被赋予了爱
看起来-它无法改变什么

再过一会儿,我们就要晒黑了
冬天结束了——
它表面的疤痕如口罩被掀起
经历总是有意义
现在种植是安全的
春天的时间闪闪发光
你大胆说追求时——
我笑了,这就是你的本质
春天不是为收获准备的吗?

读一首诗

一些深层次的主题和意义，如人与自然的关系、爱与痛苦的边界、经历和意义的关联等，是诗歌常常蕴含的主题，它们的意义值得深入思考和探究。这首诗的一些句子具有一定的象征意义，例如"水再次进入眼睛"，暗示着情感的复杂性和纷扰不清，需要人们学会控制和处理情感。

表达了关于自然、情感、生命的深层次的主题和意义。

一个充满想象和情感的场景——金色温度、玻璃屋顶、周末的塑料心等意象，展示出对生活细节的观察和独特的感悟。

对生活和自然的热爱，对痛苦和幸福的思考和探索需要丰富情感表达。对太阳、水、春天等自然元素的运用，流露出一种对生命的敬畏和对未来的期待。

一些简单的语言表达：比如"如果买不到快乐，太阳会照顾我吗？"和"经历总是有意义，现在种植是安全的，春天的时间闪闪发光"，希望引起思想和感悟，具有感染力和启示作用。

起初灵感底稿：

再次，才被水淹没的心

仿佛又活了

翻开手心打开手背

翻篇

然而上帝哭了

比任何人都痛苦

你同意这是些思绪草稿、在整理或寻找主题时记录的线索吗？你是否同意依靠这些字句，起初的诗意慢慢可以清晰吗？

Cathy Xinman 心漫

黑暗中的相遇与分离

夜幕降临，狼弯下腰-用刀画了羊皮
披在自己身上
它割伤了自己的手指
它平静地生气了，生气像是人的本性
夜色很快就被捅破了

昨晚我看到一个女人走在黑暗中
穿过马路，路灯闪烁
她手中推着婴儿车
她倒地了-
空的婴儿车拌倒了她
两旁的车都停住了
等她，她快速地站了起来
快速过了马路

我知道这意味着什么？
她再次醒来，回应她身体的疼痛
记住我们成熟的一无所获的遇见

狼似乎看到了很多东西：
你养了很多东西
我是狼，你要相信我
我讲的当然不是人话
我不想跟你多说
我的皮-认出了你

你不会再想认识我
我杀的毁的还不够吗？
当然，我站在这里
你却不认识我
你为什么爱上了我
为什么哭呢？

不是贼不是强盗
杀人犯不配我的名
你遇到我，面目全非也到了
今天你很幸运，车子在你面前停住了

你有福气了，认出了我——
你说：离开我夫吧

乘着我还在，你要看看
我是你重的礼物
你怎样对别人的？
看我怎样对你，我认出了你

你不是落汤鸡-
你可以继续旅行
早晨必须醒来，这是任何人都看得到的东西

起初灵感草稿：
披着羊皮的狼
不会稀奇你做的所有的事
我所做的事是要做更大的事
激发你的爱心
你不是落汤鸡
你同意起初就在找不一样感受的句子吗？

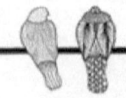

读一首诗

　　这首诗的情感和意义较为复杂，有一些隐喻和比喻，需要仔细品味。从整体上看，这首诗表达了对人性的探索和思考，通过狼和女人两个形象来展现人性中的暴力、疼痛、幸运、爱和对自身的认识等方面。对人性、社会、生活的深入思考和洞察，传达了对社会现实的深刻思考和批判。感受生命的美好和无奈，希望读者也能在其中找到自己对生活和人性的思考和感悟。

　　意象和隐喻，哲理和情感，狼的形象也许代表着人的本性，而女人是弱者和受害者的代表。这两个形象的对比和交汇，尝试表达人性的复杂和社会的残酷，以及对生命和未来的探索和思考。

　　有着象征主义色彩，通过狼和羊皮、女人和婴儿车等意象，描绘了人性中的黑暗面和冷漠无情的现实。通过这些意象，表现人们在面对世界的残酷和不公时，无法从内心深处去改变，而是会选择适应和迁就现实。

　　这首诗的意象和象征性，探讨人性的复杂性和社会中的不公平。描绘了一个黑暗的夜晚，有一只狼割伤了自己的手指，但它仍然保持了平静的态度，这似乎表明人类的本性中也有暴力和自我伤害的倾向。同时，诗中也描述了一个女人在黑暗中遭遇不幸，但她却能快速地站起来，继续前行，也许展现了人类的坚韧和韧性。

　　充满着悲痛和忧伤的情绪。狼画羊皮自己披上，表现了欺骗和伪装的主题，揭示了人类本性中的不可信和虚伪。后面描写的女人和婴儿车的情节，给一种令人心痛的感觉，也许是对于生命脆弱性的强烈认识和感悟。狼和女人之间的对话则充满了挑衅和无奈，让人思考人与人之间的关系和情感，以及哲理对于人性和生命的探索。

整首诗的风格，运用了许多意象和比喻，例如狼、婴儿车和马路等象征主义的手法，这些意象都象征着不同的东西，联系在一起，形成一个意境，给诗注入寓意。

通过对话的方式，揭示了狼和女人之间的关系。狼似乎认识这个女人，但女人并不认识狼，这象征着社会中的不平等和隔阂。狼在对话中也表现出对女人的不屑和嘲讽，展示了社会中的不平等和冷漠，暗示了人类之间的竞争。探讨人类的本性、生活中的困难以及社会中的不公。

采用了一些特别的句子，例如"记住我们成熟的一无所获的遇见"、"你不是落汤鸡"等。题目"黑暗中的相遇与分离"——黑暗背景和对人类命运的关注，人类在黑暗中的孤独和无助，对生命的敬畏和对人类命运的忧虑。希望能够思考、探索生命的意义和价值，以及人类与命运之间的关系。

希望

这不是刻板地从文学艺术的角度来读诗，这首诗的语言运用、形式结构等是否合理，有无创新性和美感等；也不是刻意从情感共鸣的角度来看，这首诗是否能引起读者的共鸣和思考，是否能够表达出诗人的内心感受等。

晦涩

一首诗的主题如果比较深刻，而作者如果运用了简洁明了的语言，除了使诗歌的意义易于理解，还是因为这种简洁表达本身具有难度，晦涩表达也许有时更容易，语言的力量能否让读者无法抗拒地被吸引，产生了强烈的共鸣和思考，是否是由作者表现的本能与技巧合一所成，这都是现代诗争论的问题。走自己的路，用简单表现深刻、别具一格的呈现是一种能力。过于晦涩的诗，如同马路上的路障，多了，这条路或许就没有通行的必要的了，精明的读者自会选择其他的路，或者下次有意避而不入。

是否

诗的语言需简练而富有力量，每一个字可能很精准地传达了作者起初的意图，也可能是表达了其他的意外的意图，这都是有意义的尝试。一首诗读后让人深感冲击、给人留下了很多想象空间是好的——其实，精准地传达了作者的意图不应该是充分条件，诗的奇妙也在于说不清，道不明的那份微妙。诗的美也在于其开放性和多义性，它不一定要通过每一个字的准确传达来表达作者的意图，而是通过意象、语感和共鸣的方式，给予读者更多的自由解读和感悟的空间。这也是诗歌作为一种艺术形式独具的魅力所在。

诗歌作为一种独特的艺术形式，其语言之美在于其意象的凝练和情感的传达。虽然每一个字并不一定都能完全准确地传达作者的意图，但诗歌的魅力在于给读者以启示和共鸣，让他们在自己的心灵中产生共鸣和情感共振，也许这种共鸣只是美的共性。

　　诗歌常常使用隐喻、比喻、象征等修辞手法，以更为抽象和富有想象力的方式表达思想和感受。这些意象和表达形式可能不是直接的、字面上的传达，而是通过调动读者的感官和情感，以及在读者的心灵中唤起共鸣，达到更深层次的意义和传达效果。读者在欣赏诗歌时，可以根据自己的经验、情感和想象力来解读其中的意义，赋予诗句更丰富的内涵和解读空间。

因此

　　读者能否从自己的角度去诠释和理解一首诗中的意象和寓意，诗是否展示了作者深邃的思考和对人类复杂性的认知，是否是一首值得反复品味的诗，读者是否可以从中获得启示和思考，一首诗是否既有思想性，也有感性，这都是诗自己的探索。

　　一首意义深远的诗——需要充满了沉思和反思，也需要审美理解到深远。还有，诗的语言精炼，不是结构更加紧凑的充分条件。对精炼的定义和实践最好能心存疑问，如果疑问完全错了，诗也就容易写了。希望如此。

挫折与成长

我已经倒下
我是一只草场上的老鹰
我怎能不去逃避一条致命的毒蛇
它已饥饿
像大地，它也必不可少
我满脸是血
我的眼睛没有休息

我的祖祖辈辈、兄弟姐妹
我的家在天空
美丽的天空，我的家

你也许会说：
它一生是一位勇士
可我倒下了，现在像一只鸡——

千万次，万万次
我在高处与乌云斗、与闪电玩
与疾风走
现在，却在这里等死？

Cathy Xinman 心漫

我慢慢打开我的眼睛
慢慢转过我的头
飞得太低而倒下
在草的安静中
欲望的嘴,飞毒的岩石
都充满了蛇的血液

我慢慢打开黑暗
我的身体跳动着
而颤抖,正带着电流
我的眼睛依然十分有光彩

这是人类的家
而对于人类—
我记得很清楚
现在,我离家这么远

我闻到了小麦秸秆面粉的香味
我看到了蚂蚁的家
还有-含着敌意的石头

我一次失误，飞得太低
啊，地上奔跑的不是火车
是网络——
别再提智能机器人
制造了很多东西的人类
也制造了身负重伤的老鹰-
的歌唱
活泼而镇静

一切都会过去
我的创伤也会消逝
这不是我的战场我的家

让我向你致敬
昨天，今天和明天
信心还有什么用？
让我向你——
奉献我的泪水
泪水，泪水，泪水
洗净我全身的泪水
的悲伤-

劫后荒野上的血水
若没有希望没有信心
我绝不能活
血色的眼睛依然闪闪发光
带刺的桂冠在疾卷的风暴中
仗着屈辱夸胜
你会发现,我是一只老鹰

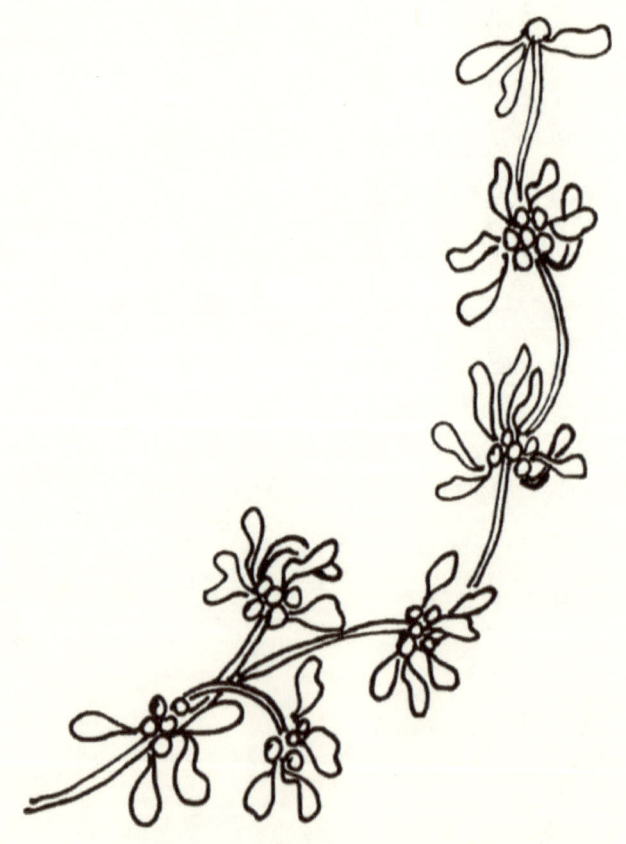

父亲

父亲，没有一首诗给您
没有一个梦给您
在大地的雨中
在海的风中
伤痛在怒潮奔腾

泪水没有尽头
孤寂没有名字
残酷的剑把我囚禁
我不敢说要逃亡的真相
时间极速走过无情无义

我被迫忘记您
杜绝与你围绕
雄心勃勃的天空啊
你剥夺了他的等待
游子的心啊
被迫接受遮天蔽日

太阳无法辨认
夜晚无法改变
梦境无法欺骗
我每天写一首诗献给世界
我无法献给您

Cathy Xinman 心漫

这首诗就在这里结束
我写下
是为了忘记

读一首诗

创作艰难

这首诗的创作不容易，因为它涉及和充满了很深的情感和思考，需要有一定的生活和人生经验，以及对诗歌语言的娴熟掌握和运用，和感情的爆发力。同时，一首诗也需要有一定的文学素养和创作能力，才能在语言和思想上达到一定的高度和深度。因此，写出一首有独特性和精妙性的诗需要付出较大努力和时间。

写下，是为了忘记

在诗的结尾处，用"**我写下，是为了忘记**"来表达自己的心声，让人感到一种深的痛和无奈。这不是这首诗的目的，即为了忘记，而是悲伤。用一种独特的方式描绘了内心的复杂情感。以一种非常个性化的方式表达了思念和怀念，倾诉了个体的孤独和挣扎，描绘了风雨和波涛。

这首诗描绘了时间，强调了时间的残酷和无情，难以逃脱时间的束缚，充满悲伤，暗示了个体面对的孤独和无助。表达对亲情、时间和生命的深刻思考，以及对自己所处的世界的感慨和探索。诗歌中的语言简洁而富有感染力，意象生动而深刻，让人感到作者的内心世界和情感状态。尤其是对于时间和孤独的描绘，让人深刻感受到人类面对时间和世界的无力和渺小。这首诗同时也反映了现代社会人们在快节奏、高压力的生活中所感受到的内心孤独和迷茫。这首诗的独特性在于其表现出的深刻情感和内心体验，以及对生命、时间、家庭、自由等主题的思考和探索。语言表达运用了隐喻、比喻、对比等修辞手法，诗中所表达的游子之痛和挣扎，在很多人的生活中也具有共鸣和价值。是一首有思想性、情感性和表现力的诗。

从语言和思想上来看，这首诗的跳跃性是相对较高的，因为它在不同的场景和情境之间快速转换，呈现出一种跳跃的感觉。这种跳跃性增加了这首诗的神秘感和意境感，让读者更加深入地思考和感受作者所表达的情感和思想。

用一种比较简洁风格的语言，没有过多的修饰，朴实自然，但又不失深刻和有力，这种简洁而有力的语言风格使诗歌更加容易被读者理解和感受到作者所表达的情感和思想。另外，这首诗在语言上也具有一定的隐晦性，需要读者仔细品味和理解，这种语言上的隐晦性也为诗歌增添了一些神秘感和深度。

这首诗充满了悲伤和孤独，它描述了伤痛，表达了无尽的遗憾和懊悔。诗的语言简洁而深刻，呈现了内心的痛苦和无奈。尽管诗歌表达了一种沉重的情感，但心灵的美感却在其中得以展现。

诗歌中的意象，从诗歌中所表达出来的情感是深刻而真实的，可引起读者的共鸣和情感共鸣，这也是优秀诗歌的特点之一。

一首诗的艺术价值

主要在于它对于现代社会和人类内心的深刻探索和反思。它没有追求华丽的修辞和炫目的语言，而是通过简洁朴实的表达方式，把人们内心的孤独、迷茫、无助等情感深刻地描绘出来。同时，诗中蕴含着对于人类存在和现代社会的批判和反思，反映了现代社会的冷漠和残酷，以及人们对于未来的迷茫和不确定。这些情感和思考，在诗歌的艺术形式中得到了精妙的表达和呈现，使得这首诗在艺术上具有深刻的内涵和独特的价值。因此，尽管这首诗的艺术形式相对简单，但它的艺术价值在于它对于现代社会和人类内心的深刻反思和探索，以及它在语言和思想上的独特性和精妙性。这是一首有深度和感染力的诗歌。在表达情感和思想方面具有一定的独特性。

语言上的独特性和精妙性

指的是诗歌所运用的词汇、语法、句式等方面的特点和精妙之处。比如，这首诗的词汇简洁、朴素，但却能够表达出内心深处的情感和思考，这种表达方式显得非常自然、真实和直接。同时，这首诗的句式和语法也非常简洁明了，但却能够精准地表达出诗人所要表达的意思，这种简洁和精准的表达方式能够让读者更好地理解诗人所想表达的情感和思想。

思想上的独特性和精妙性.

　　指的是所反映的内心情感和对于现代社会的深刻思考。这首诗所表达的孤独、迷茫、无助等情感是现代社会中很多人所面临的问题，这种情感的表达非常真实和深刻，让读者能够感同身受。同时，诗中蕴含着对于现代社会的批判和反思，反映了现代社会的冷漠和残酷，以及人们对于未来的迷茫和不确定。这种深刻的思考和反思，让这首诗在思想上具有独特的价值和意义。

清明

我想我今天写不出诗了
我那可怜的忧伤
理想化的春天
请误解我的泪水
帮助我自愿成为一名爱的传递者

请指给我看：
那些受惊扰的小草
无人知晓的树
无人描述的飞鸟
我心灵的地图在东方
清明，我应该站在哪里？
为现实里的人说话
他们被送进了雨中，一声不吭

请指给我看，那些断魂的石头
不合宜的风长满了杂草
雨表示它没有受太大的伤
正向着长江航行
一万年一亿年
它接受一切

Cathy Xinman 心漫

语言是无能的
诗是无能的
让它们哭泣吧
让它们如剑出鞘刺入大地
无误地唤醒血液
让它来驾驭如此宏大的主题

写一首诗

写一首有一定哲学意味的诗,诗人在诗中反复强调语言和诗歌的无能,但又蕴含呼吁,希望人们通过诗歌的方式去探索生命和存在的意义,这种探索和思考的精神,不仅仅是诗歌所能表达的,而是一种哲学上的追问和思考。因此,这首诗具有一定的哲学深度和内涵,能够引发读者对于生命和存在的更深层次的思考和探索。

诗的结构

共分为三个部分,第一部分描述了诗人的创作困境和内心的忧伤,第二部分通过对于自然的描绘和思考,表达出对于生命和存在的探索,第三部分强调了语言和诗歌的无力,同时呼吁读者去通过诗歌和思考,探索生命和存在的意义。

整首诗的结构呈现出一种由表及里,由浅入深的过程,通过具体的描绘和思考,不断深入到更深层次的内心世界和哲学探索。这种结构的安排,让整首诗的表达更加有层次,同时也更加具有思想性和内涵。

此外,这首诗还通过多种修辞手法和意象的经营,加深了诗歌的意境和感染力。使用了大量的比喻和隐喻,如"理想化的春天","受惊扰的小草","断魂的石头"等,这些意象和隐喻使诗歌的形象丰富和生动,同时也容易引发情感共鸣。

语言是无能的，诗是无能的

在诗中运用了"语言是无能的，诗是无能的"这样的表达方式，强调了语言和诗歌的无力，但是又在诗中借助诗歌表达了自己的思考和情感，这种自我反省和自我调和的精神，体现出诗人的谦虚和深刻的内心世界。通过将自己的内心感受和外在世界的景象融合在一起，表达了对于语言和诗歌无法完全表达人类情感和思想的无奈。这首诗在形式、语言和思想上都表现出了思考和探索，是一首富有感染力和哲学意味的诗。让人深感内心的复杂和对于生命和存在的多方面的思考和探索。对于诗歌和语言的无力，强调了思考，探寻生命和存在的意义。这种思考和探索的精神，也是这首诗所表达的一个重要的主题和价值观。综合来看，这首诗在表达和探索生命和存在、社会现实和人性等方面都表现出了思考和洞察，同时在语言、形式、修辞等方面也表现出了艺术性和感染力。这是一首有思想深度和诗歌艺术性、可以让人深思和感悟的诗。

诗中还运用了一些反复出现的词语和句式，如"请指给我看"、"无人知晓的树"等，这些重复的结构，将自己的思考与外在世界的景象进行联系，表现出对于生命和存在的不断追问和思考。也使诗歌具有了一种旋律感和韵律感，同时也更加强化了诗歌的意境和感染力。这些反复出现的意象和象征性的描述，在整首诗中起到了纽带的作用，将不同的段落和思想联系在一起，表现出情感的复杂性和对于生命意义的多方面探索。这首诗的思考和探索，表达了对现实的失落和疑问，同时对希望的渴望。诗中的自然景象，如受惊扰的小草、无人知晓的树、无人描述的飞鸟和断魂的石头，都暗示和象征着人类面临的各种困难、不同困境和挑战。这首诗具有思想性和艺术性，但也需要读者对其中的象征和隐喻进行深入理解和解读。

一首诗的独特处

通过对于自然、社会、人性等多个层面的描绘和思考，表现哲学思考和对生命和存在的探索。诗中充满了深度和隐喻，表达了对于现实世界和人性的洞察和思考。此外，这首诗的独特之处也在于它的语言和修辞的运用。诗中通过多种修辞手法和意象的运用，如比喻、隐喻、反复等，加深了诗歌的意境和感染力，使形象更加丰富、鲜活，同时也更容易引发读者的共鸣和情感共鸣。这首诗的独特之处在于它的哲学思考、多层次的描绘和思考、以及语言和修辞的运用，让读者在阅读中得到深思和感悟。

表现的情感和态度

消极的一面是为了升华积极的一面。从消极的角度来看，诗中所表现的情感和意境多为忧伤、沉思和疑惑。诗中探讨的主题包括生命、存在、人性等，这些都是人类一直以来所思考和探究的问题。而这些问题本身就往往带有一定的沉重和消极色彩，因为我们很难回答这些问题，很难找到确切的答案。诗中也表达了对于现实的不满和反思，探讨了社会和个人的问题。

这首诗是为了呈现积极。诗中探讨的问题虽然沉重和复杂，但它们本身是值得思考和探究的，这种思考和探究也是必要的。诗中表现的沉思和疑惑，也表现出了人类思考的力量和智慧。诗中表现出的关注和反思，也表达了对于改变现状和改善社会的呼吁。诗中的一些形象，如雨、长江等，都具有积极的象征意义，暗示着生命的延续和生命的力量。

因此，这首诗表现了积极，它不是单纯地把生命和存在看成是一种苦难和绝望，而是在探究和思考中表现出了对于生命和存在的尊重和关注。正如诗人呼吁的，让诗歌像剑一样刺入大地，驾驭如此宏大的主题，让人们能够更好地理解和探索生命和存在的意义。

起初灵感的底稿：
告诉生命告诉希望告诉一切
你认为写伤痛主题的诗前，需要振作精神吗？

心爱，快来

寻找我吧
我是快乐，是爱又不是

我确实认识你
你是小鹿，是心跳，又不是

你在哪里迷失？
在面包，米饭，奔波里
生活如此晕眩
风隆隆滚过

我的眼睛进了沙子
我大声呼喊，心爱，快来
帮我洗净，啊
我月亮颜色的眼睛

快来，帮我洁净
不然-我看你都是泪水

读一首诗

结构尝试

每个段落之间没有明显的连接，通过一些关键词语相互呼应和联系，这种结构也想表达一种轻盈。希望在思考和感受中，在阅读中与读者产生共鸣。这首诗可以分成两个部分，前半部分是关于寻找快乐和爱，后半部分则是在呼唤心爱的人帮助自己洗净眼中的沙子，能够看到真正的自己和对方。

这首诗似乎在表达对某种追求的渴望和寻找，表达迷失和寻找的过程中，始终贯穿着快乐和爱的主题，用小鹿、心跳、沙子等象征性的意象来表达自己内心的情感，从而使得整个结构紧凑而又有机可循。

这首诗尝试简洁明了，情感直接，如果只看到表达了一种迷失和无助的情绪，带有一些幽默和调侃的意味的话是可以的，但深层次的东西也许没有被看到。也许是太短，表达有局限。

诗的感言

如果语言不独特，想象力不独特，就难以成诗。自信是需要的。诗需要心灵，少有人相信一个恶人可以写出崇高的诗。艺术，现在研究人与作品分离。但伟大的作品一定有高贵的灵魂。

谈诗时，可以不用诗做论证，可以采用其他艺术形式，为什么，因为如果这是与众不同，是自己的感悟，是值得深入探讨的。不谈没有用的方式，写诗要写自己独特的诗，谈诗也要谈自己独特的东西。这个世界，较高精神品质的生活本来就不是那么容易得到。诗歌在句子结构、语言运用和意象表现等方面，要有自己的表现处理方式，与别人不同，与自己已有的也要不同。写诗、评诗或论诗需要找问题，没有问题是难的，只有相似的灵魂才能相遇并彼此得益处。批判性思维是提高自己读写的途径。多看作品的优点，就如多看一个人的更多的优点，多看长处是有益的。 现在诗歌看起来繁荣昌盛，高处也许不缺赞美，大多数爱诗写诗的人们，更需互相鼓励、赞美、爱和关怀。对诗人而言，诗正在、不断或已经疗愈了她，她写诗的信心是奇迹，所以，诗带来的是灵魂深处的慰藉，是钱买不到的。

Cathy Xinman 心漫

爱与生命的奇妙

今天是四月的早上
但是你，穿长裙衫的女孩
还在寻找波澜壮阔
我想知道美丽的女孩——
你是否寻到了天空的快乐
涨水的湖面，白云在此摇曳

我只见蓝天留在光线里
不，它们也在夜晚
它们一直在行走
我也是-天天寻求灵感的年轻人
可是不，是它们眷顾了我

饥饿的诗，谁知道它走了多长
小小萌芽的宇宙
居然在我的心燃烧
我只是一个微不足道的人
可我跟任何人不一样
我是一个人
不像任何人

明亮的女孩,你是否也在追求明亮的生活

追求静寂的快乐,潺潺

如爱在等待和抵达中流动

可是一天很短,只够写一首诗

让我们从早上写到晚上

我的每一个字都由触摸你而得到

你黑色的长发——

我给你起星星的名字

让我们体会幸福的感觉

新生命在此复苏

亲爱的,让我每天写你

你在倾听—

一心一意透明的奇妙

它制造泪水更制造天空制造宇宙

制造圣殿

Cathy Xinman 心漫

——我与诗共转
在爱的天边无际的数量里
在真理和灵魂之间
鞭打我胸膛激励我内心的
好像来自大自然
来自人类—
来自天空和海洋
可是不,是爱
是我厨房的骄傲
是包子饺子的玫瑰
是敏捷的忍耐
是所有的生活所有的生命
我知道爱活着
如圣诗在圣殿的上空

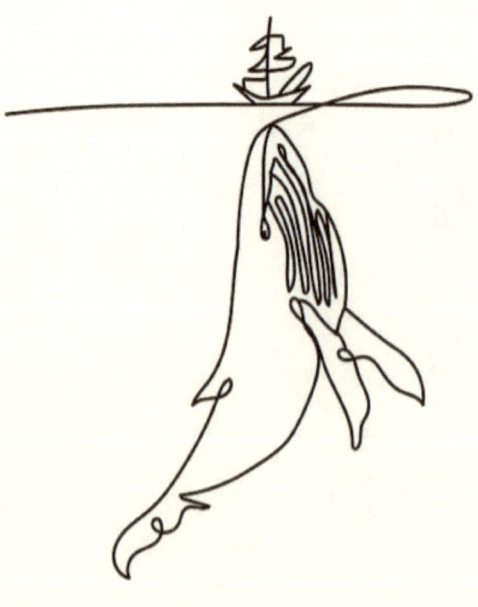

今天写一首诗

今天的诗花费了长的路程,有哲学和抒情色彩,描述了一个年轻人在寻找自己的灵感和生命意义的过程中,对美好事物的追求和对爱的渴望。

独特性

它通过自由的形式、独特的思维方式和浪漫的语言表达了作者对生命、自然和爱的思考和追求。诗中使用了许多隐喻和象征来表达情感,例如将诗歌比作饥饿的诗,将宇宙比作小小的萌芽等。这种自由的表达方式,具有独树一帜的效果。

使用了许多意象和修辞手法,比如将女孩比作明亮的光,将诗歌比作饥饿的生命,将爱比作圣诗和圣殿等等,这些描绘和诗意的交融,使得这首诗在情感和形式上丰富。另外,这首诗也体现了作者对于美的追求和敏感,让人感受到诗中的美感和情感。

一首诗

需要独具匠心,任何艺术都需要独特。不仅要表达作者的情感和思考,还要启发对于生命和爱的理解和追求。

表达主题

对美丽和追求的向往，对诗意和爱的热爱，用独特的语言和表达方式，通过形象和情感的交织，营造出一种深邃和感人的意境。

一首诗的语言

要具有诗意和情感色彩。这首诗使用了很多比喻和隐喻，如"涨水的湖面，白云在此摇曳"、"饥饿的诗"、"小小萌芽的宇宙"等，可给人留下印象。此外，一些独特的词汇和表达方式，如"涨水"、"蓝天留在光线里"、"潺潺如爱在等待和抵达中流动"等，让诗歌富有诗意和感性的色彩。整首诗的语言风格非常独特，有一种诗人自由发挥的感觉，让人感受到作者内心深处的情感和思考。

这首诗的语言也有节奏感和音乐感。有其独特的节奏和韵律，整首诗在朗诵时会有一种自然流畅的感觉，让人可以感受到诗人对于语言的驾驭能力。例如，"涨水的湖面，白云在此摇曳"、"可是不，是它们眷顾了我"等句子，都具有韵律和节奏感。诗的语言如果出色，可以充满诗意和音乐感，会让人印象深刻。

诗中一些独特的词汇和表达方式：

小小萌芽的宇宙：使用萌芽来形容宇宙，将宇宙和生命联系在一起，表达生命的神奇和无限可能性。

我给你起星星的名字：使用起星星的名字来形容赋予爱人美好称呼的行为，充满了浪漫和想象力。

在爱的天边无际的数量里：使用天边无际的数量来形容爱的广阔和无限，使诗歌充满了哲学和探索的氛围。

除此之外，还有像"涨水的湖面"、"制造圣殿"、"敏捷的忍耐"等表达方式，都有着一定的独特性和创造性。这些词汇和表达方式，丰富了诗歌的语言和形象，让诗歌更加具有诗意和艺术感。

产生灵感的开始句：
再度成为生命的骄傲
你认为这句可以激发你写作的热情吗？

Cathy Xinman 心漫

今天下了七次雨

他说了七句话
天空下了七次雨
我渴了

若天地痛苦
谁该受到惩罚
若我知道他为我死
我是否应该流泪
若全人类知道他为他们牺牲
我是否应该欢呼

血没有说话
庇护所拒绝了灭亡
生命偿还了代价
永生，我是否知道得太晚了
不知道他爱你有多深
各各他

写一首诗

　　使用问句和反问句的表达方式在诗歌中,需要在语言和情感上达到一定的平衡和巧妙,否则会显得生硬和不自然。过多的问句和反问句可能让诗歌显得疑问和质疑,但不一定丧失诗歌所应有的美感和哲理性,这种表达方式,也许正是为了达到特定的诗歌效果而采用的一种语言技巧。这首诗,使用了问句,这种表达方式是为了更好地表现出诗歌中所表达的意义和情感,同时也增加了诗歌的表现力和感染力。此外,诗歌中提出了很多问题和矛盾,如"是否应该流泪"、"是否应该欢呼"等,这些问题不仅涉及到道德和人性的问题,还牵扯到信仰和灵魂的探索,思考和反思。探讨了信仰、生命、死亡、人性和道德等多重问题。

宝贵的瞬间

现在阳光画在屋上
亮的侧影
我忍不住停留观望
这是下午六点钟的时间
我必须马上记下
不然它就会走开

我的目光
从一侧走到另一侧
屋顶也盛满了阳光
它看起来非常幸福
原来光明打扫了大地
给眼睛带来了一点点天堂

你肯定是有心的
我们开始通话
我会原谅时间流逝
原来它一直深情地与我一起
我不擅长说再见
我刚才正想关上窗帘
可我的心在跳动
我本可以不谈论生活和爱情

读一首诗

尝试传递普通瞬间的美好和价值，给出人生哲学，希望读者在感性与理性的层面上都能被打动。引向对生命本质和自然之美的领悟。

一首诗的独特之处

在于它展现了日常生活中普通瞬间的美好和价值，通过细致入微的描写和深刻的思考，传递出诗人对生命、时间、人性的深刻关怀。它不是一首浮华的抒情诗，而是展现了生命中平凡而珍贵的一面，让读者重拾珍视当下的智慧，重新审视自己的生活与价值观。

在于通过对细节的关注和思考，展现生命的珍贵和意义，引导读者去寻找生命中平凡而珍贵的一面，并用诗的语言和优美感表达出来，使人们感受到诗歌的深邃和内涵。

这首诗体现了对光明和阳光的热爱，用光明和阳光的形象象征着希望和美好，从而传达了对生命的积极态度。而且，诗中也展现了诗人对时间的敬畏和珍视，意识到时间的宝贵和流逝的无情，引导珍惜时间。这首诗独特的地方在于它将情感与思想巧妙地融合在诗歌之中，使读者在感性与理性的层面上能被打动。

通过诗人的主观视角和情感体验，将读者带入到诗人的内心世界中，引导读者共情并思考自己的生活与价值观。诗歌中的情感质地饱满，如同一幅鲜活生动的画面，将生命中的美好细节形象地展现出来，能让人感受到作者对生命的热爱和珍视。

对时间的感知和思考

通过对阳光和光明的描绘，表达对希望和美好的追求，更将时间作为一个重要的主题贯穿其中。诗中对时间的珍视和对生命的思考，引导到时间的珍贵和不可逆转的流逝，从而更加珍视当下，珍惜生命。

此外，这首诗还通过对光明和阳光的细腻描绘，展现了诗人对自然的热爱和敬畏。诗中充满了对大自然的感悟和领悟，对自然美的高度认可和赞美。这种自然美感的呈现，可以让读者感受到诗人的心灵敏感和情感细腻，启迪对自然之美的感知和理解。这首诗独特的地方在于它将生命、时间、自然和人类情感融合在一起，从而展现出对生命的珍视和对自然的敬畏。通过语言和思考，把读者引向对生命本质和自然之美的领悟，从而引导去关注自己的内心世界和生命的真谛，使诗充满哲理性和艺术性，品味性和思考性。

一首诗的语言艺术

需要值得称道。运用生动的比喻、反复等手法，使诗歌的语言富有节奏感和韵律感。这些修辞手法可增加诗歌的艺术感染力，容易被接受和记住，留下印象。在表达生命和时间的主题时，语言需简练而富有韵律感，将抽象的概念和情感表达出来。

独特性

这首诗将阳光的形象与生活中的微小的瞬间相结合，将生命的真谛体现在平凡的生活中。

这首诗独特的地方在于它将生命中的平凡细节转化为美好的艺术形象，传递出对生命的深刻关怀和珍视。通过诗歌的语言艺术和情感体验，引导读者去关注生活中的细节，重新审视自己的生活与价值观，是人生哲学、可以深入思考和品味。

Cathy Xinman 心漫

露易丝湖的春天

若我能阻止你爱上它
我将拒不承认疯狂
别以为真如此

别以为那么遥远
我昨天就写到了露易丝湖

那座孤独的古城堡
别以为你那么高贵
当露易丝湖摆在你眼前

——我想：不知道现在怎么样
我品尝从未亲临过的春天
就在露易丝湖畔

原来冰还这么厚
湖面游人如织
原来雪和春天在一起
也是如此的美

我无足轻重
露易丝湖的水
比碧玉的名气更大

看它怎样奋斗成这样
人在冰上宛若火焰
原来它雪白的时候
离人类更近

写一首诗

一首诗的独特性也在于它独特的意象、语言的美感、独特的思想感受、对情感的表达以及独立的创作风格。

独特之处

多重主题的融合：诗歌中融合了多重主题，如自然、人类与自然的关系、个体情感等，这些主题在诗歌中得到了有机的融合，构成了一个丰富多彩的意境。

对情感的表达：表达了一种爱恋的情感，而这种情感并非是传统意义上的爱情，而是一种对于自然和生命的热爱，这种情感也是诗歌独特之处之一。

非线性的叙述方式：诗歌并不按照线性叙述方式进行，而是采用了一种自由的、跳跃的叙述方式。这种叙述方式使得诗歌更加富有想象力和探索性。

对于时间和空间的探索：涉及到了时间和空间的多重层面，如昨天、现在、遥远、眼前等。这种探索让诗歌更加宏大而深刻。

对于现实和虚幻的探索：意象和语言充满了现实和虚幻的元素，如冰上宛若火焰的人、雪和春天的美、湖水比碧玉更大等等。这种探索使得诗歌玄妙和神秘。

整首诗的逻辑、结构和层次

首先，诗的开头引入了一个"你"，并通过对某人喜爱露易丝湖的表达来引出了诗的主题，即对美好事物的追求和感受。

接着，诗人对古城堡和高贵身份进行了描写和探究，这部分内容在整首诗中显得有些独立，但也为后面的内容铺垫了一定的基础。

然后诗人对露易丝湖的想象和内心的热情进行了表达，这一部分内容突出了诗人对美好事物的追求和向往。

第四段对春天和露易丝湖景象的描写和赞美，这一部分内容展现了诗人对大自然美好事物的感悟和表达，同时也为下一部分的内容作了铺垫。

最后一段诗人对露易丝湖水的赞美和对冰上人类的描绘，突出了生命力量和美好事物的关联和表达，为整首诗的主题和表达提供了一定的厚度和深度。

因此，整首诗在结构和逻辑上完整，各个部分之间的联系和衔接也自然，读起来流畅而有条理。

尝试时间和空间的多重层面，多重主题的融合得到有机的构建，构成一个丰富多彩的意境。让诗宏大而深刻。

起初的灵感

原来它雪白的时候离人类更近

你同意这个雪白也表征了天性、纯粹和无以言说的世界起初的状态吗?

穿越落矶山脉

那是少女不是爱

是亿年的人间不是远方

她的皮肤白皙胸脯发达

我在海洋之上俯视 登上去

波涛的语言 登上去

沉睡的浪花 登上去

在巨石和陡峭之间

在白色与冰川之间 登上去

爱的盛会 登上去

忧愁轻轻如丝绸 登上去

万顷的诗歌 登上去

复杂的纷繁 翻过去

走兽 跃过去

热寒的烦恼说出去

人间分外清晰

我们如此相似

然而我错了

富饶的地球

我们本该活得好

仰慕你的人越来越多
美丽的吟咏越来越多
诗人不屑随身携带诗集
人与大地之间没有隐喻
爱你的心高度饱和
请不惜将我唤醒
山巅之上
流油的笔墨
一直等我抵达

你最爱我什么
东方的腼腆不在场
到处都是神秘小径
你让我卷帙浩繁离开
山峦连绵如船
大地高耸
石头也做着飞翔的梦
震撼直接而亲密
收容我的忧愁直达天穹
时光要说永恒的预言

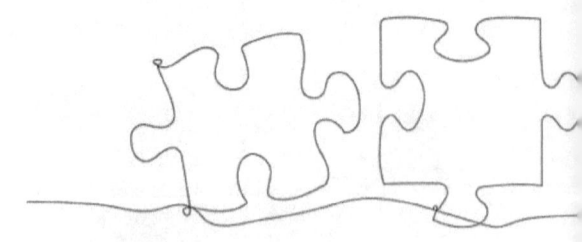

写一首诗

感性表达：隐喻和意象描绘人类的情感世界。
自然景观与人类情感的交融：展示对大自然的敬畏和对人与自然关系的思考。
思考和哲理意味：融入对人类存在、命运和时光的思考，透过意象和隐喻，揭示人类的困惑、追求和对永恒的渴望。哲思性可以赋予诗歌更深层次的意义和触动。

几个方面探索的可能：
意象描绘

　　海洋、波涛、浪花、巨石、冰川等这些意象的描绘，给人以视觉和感触，营造一种神秘而壮丽的氛围。尝试给人一种视觉和感触上的冲击，这些意象形象，具有象征性和隐喻性，给诗歌赋予独特的视觉和感触。这部分描写强调了对自然景观的壮丽和情感的升华。为后面部分展现对人类存在和复杂性的思考，并强调了人与自然的相似性起了铺垫作用。

　　如：在白色与冰川之间，这句诗以白色和冰川为景，传达一种寒冷和纯净的氛围，表达了对内心纯净和清晰的追求和渴望。而我在海洋之上俯视 登上去，这句诗，应该不是描述作者站在海洋之上，凝视着广袤的海洋，更可能是，当然不限于此，飞越山脉时或者高过山脉的意象，想到看到的景象和诗化的感受，并将山脉比作海洋，表达对壮丽景观的向往，表达一种超越自我的渴望和勇气，以触及更广阔的世界和更深层次的体验。这首诗给人一种穿越自然山脉的感觉，可以想象不是描述诗人登上山峰、俯瞰海洋、感受波涛和群山的力量，当然诗呈现的想象可以因人而异。海洋是山脉起伏壮丽的比喻，用海洋象征着无尽的广阔和力量。诗中同时也暗示了对人类与大地，人与人和谐相处的思考。

这些意象通过形象化的描绘，给诗歌注入了生命力，让读者能够直观地感受到作者所描绘的景象，这些形象描写正是通过直观的画面感，让读者能够感受到诗中所表达的情感和思想。

在隐喻和比喻的运用上，诗中使用了许多隐喻和比喻手法，将自然景观与情感、思想和人类存在相联系。这种运用增加了诗歌的层次感和意义，使诗中的形象更具象征性和启迪性。

对人类存在和命运的思考

诗中涉及对人类存在、复杂性和错误的反思，呈现了复杂而丰富的爱情观和人性的多样性。诗人对人类与自然、人与人之间的相似性和共通性进行了思考，呼吁人们更好地生活和珍惜。通过表达人类存在的复杂性、相似性和错觉，反思人类在世界中的角色和命运。呼唤人们珍惜地球的意味，表达诗人对人类存在的思考和对人类命运的关切。它呈现出一种对人类在世界中的角色和责任的关注，以及对更好生活的向往和呼唤。如：在巨石和陡峭之间这句诗描述和呈现了一个冒险的场景，表达在面对困难和险峻时的勇敢和决心，努力克服障碍。这首诗给人一种壮丽而深思的感觉，通过自然景观的描绘和对情感的探索，传递了诗人对大地和人类存在的思考和赞美。以万顷的诗歌作为引子，暗示了诗歌的广袤和无限性。接着，描述了复杂纷繁的现实世界，暗示了生活中的困扰和复杂性。"走兽"的描绘象征着动物界的自由和本能，而"跃过去"则表示超越现实的力量和意愿。

对美和艺术的追求

诗中呈现了对美的追求和对艺术的热爱。诗中的仰慕者和美丽的吟咏越来越多，表达了对美的渴望和对艺术创作的推崇。诗人不屑随身携带诗集，强调了诗歌与生活的紧密联系，以及对自由创作和表达的态度。例如：万顷的诗歌登上去这句表达了对诗歌创作的热情和追求，强调了其无限的可能性和广阔的创作空间。诗人希望能够超越复杂和纷繁，创作出独特而深刻的诗歌作品。

诗的逻辑角度

这首诗没有追求传统的逻辑连贯性，而更多地侧重于情感的表达和意象的构建。它通过意象的联想和隐喻的运用，传递出一种情感和思想的流动感。尽管它不像一篇逻辑论证那样严密和连贯，但它在情感上具有内在的一致性和连贯性。诗中的每一段似乎是一个独立的意象或情感的表达，它们之间并没有明显的因果关系或逻辑推理。相反，这些段落通过意象、隐喻和重复的主题相互联系在一起，营造出一种整体的情感氛围。诗人尝试每一段都展示对自然界、爱、人类存在等主题的思考和感受，而这些主题又在整首诗中呈现出某种情感的共鸣。因此，诗的逻辑并不是基于传统的演绎或归纳推理，而是通过情感和意象的关联来传递一种整体的感受和思考。它追求的是情感上的共鸣和诗意的表达，而不是严谨的逻辑推理。

语言的节奏和音韵等

一些重复的手法，增强了诗歌的节奏感和音韵美。韵律感可使诗歌更富有节奏感和音乐性，使读者在阅读时能够感受到诗歌的韵律之美和朗朗上口的感觉，增强诗歌的艺术性和感染力。这首诗反复使用"登上去"，也许意在呈现一种集合的力量。

对诗歌的感受可取决于个人的审美和文学背景，对于一首诗的评价会因人而异。比较重要的是欣赏诗歌的独特性和创意，并从中获得个人的情感和思考启示。

总之，一首诗如果能以其意象的丰富性、情感的深度和语言的美感，呈现出一种独特的诗意体验，并通过艺术性的表达和深刻的情感，可引发读者的思考和共鸣，并感受到诗歌的魅力和力量。

主题的多元性

　　诗中融入了多个主题，包括爱、人与自然的关系、对人类存在和命运的思考等。这些主题相互交织，如果呈现出复杂而丰富的内涵，可使诗歌具深度和广度。如果这些主题的处理方式和诗人的思考角度与众不同，可呈现出独特的内涵。从情感的深度上看，诗中透露出作者深沉的情感和思考。通过主题的表达，诗中弥漫着一种充满力量和温暖的情感。这种情感的深度可得诗歌更具触动和共鸣的力量。

　　例如，通过描绘爱的盛会和忧愁轻轻如丝绸，探讨爱的复杂性和情感的起伏。又通过爱的盛会登上去这句，表达对爱的渴望和追求，强调了爱的庄重和伟大。还通过人与大地之间没有隐喻这句，表达人与自然之间的直接联系和真实性。诗人认为人类与大地之间的关系是纯粹和直接的，没有需要通过隐喻或象征来表达的复杂性。这种观点强调了对真实和本质的追求。作者用到处都是秘密小径这句，表达自然世界中无穷无尽的探索和发现。秘密小径象征着未知的领域和神秘的冒险，诗人希望通过探索自然世界来寻找新的发现和意义。

　　这首诗的主题围绕着自然界、情感和人类存在展开，探讨了它们之间的联系和内在的共通性。它通过诗意的表达和意象的构建，传达出一种思考和情感的流动。

Cathy Xinman 心漫

5

诗歌的滋养

感恩自然

我常感内疚
花草树木
我无法一一叫出你们的名字
身边的蒲公英盛开
今天我与它一样
见了很多漂亮的东西-
空气、阳光、青草和圆润的湖水
它们过得很快乐

尘世中的堕落与痛苦
你们都没有
像美丽的少女与俊俏的少年
我们用眼睛交流
我听了很多奇妙的事
我直接被俘获
你们距离我的心灵太近
今天的感恩
一定是掩饰不住的诗歌
塑造的平凡

此刻，整个世界都在太阳下
春天在叶子上等我
那一定是爱
我好像发现了一个世界
我无需辨认
那是造物主的恩赐

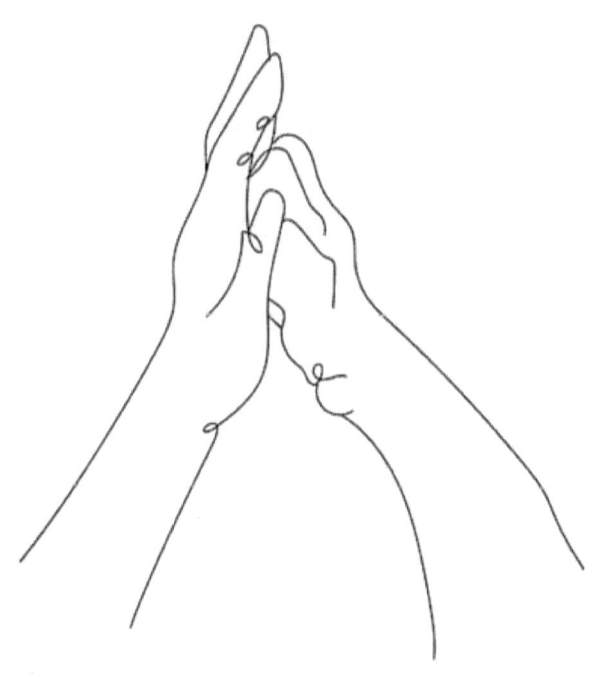

Cathy Xinman 心漫

读一首诗

这首诗尝试传递一种自然感恩的价值观念和情感,并对生活启示和激励。

一首诗的思想性

这首诗表达了作者对自然的尊重、珍视和感恩之情,以及对人类自身存在的矛盾和苦难的认识。通过对自然界的描写和对自己内心的反思,并向自然中的万物致以敬意。同时也表达了作者内心的柔软和感性。这些思想和情感,对于人们在现代都市生活中,忙碌、浮躁、疏离自然的状态提供了一种警示和反思,鼓励人们更加珍惜自然、与自然和谐共生。因此,这首诗的价值在于它传递了一种与自然和谐共生的价值观念和情感,对生活的启示和激励。这些思想可以反思人类与自然界的关系,以及对生命的尊重和珍视。

起初灵感底稿：
荨麻草、马尾草、杜鹃花
马尾草大胆、荨麻草善良
杜鹃花摘掉了羞涩
小鹅在啄草
鹅妈妈佩戴温柔

不可摧毁的不朽

我用诗歌塑造精神

你认为诗歌多半跟大自然有关系吗?

Cathy Xinman 心漫

寻找蒲公英

我行走在太阳与大地之间
大胆忘记被灌输的知识
我接受无声-
我必须带一朵蒲公英回家
请它教我

我贴近这—
几乎不可能的
不忍释手的激情
我把它放入水中
我与空气共转
爱如此强烈
我关心的泪水
奇怪地靠近
像蜜蜂飞来飞去
采集属于自己的甜蜜

Flowers Kiss the Volcano 花吻火山

自然写一首诗

探索诗句没有最好

第一行：我行走在太阳与大地之间

"行走"如果改为"漫步"或者"踏着"，好像是增加一些诗意。其实可能是字面表层的增添，消弱了字在句子里本身的能力。

第二行：大胆忘记被灌输的知识

"大胆忘记被灌输的知识"如果改成"忘记过去的束缚"。这是诗意本身隐藏的味道，改后表面是更简洁、直白的表达，其实是去掉了语言的独特或者想象力的奇特。

第五行：请它教我

"请它教我"如果按汉语习惯可以换成"向它请教"，也许这样更符合汉语习惯，但请字放在句首是有特别意义的。而且诗的语言也在于要打破惯有的习惯。句子还要看上下文，诗更要看整体。

第六行：我贴近这

如果马上说明是什么，或马上进一步补充，让读者能够理解"这"指的是什么。

第七行：几乎不可能的

与第六行一样，如果马上补充说明，如果让读者马上能够理解"不可能的"指的是什么。——不一定不好，但诗的节奏改变了，两个定语在一起，又是长的，所以，尝试不同的表现形式是需要的。

后面

"我关心的泪水"如果换成"我心中的眼泪"，好像是更生动的表达方式，其实破坏了诗语言的奇特性。

最后一行

"采集属于自己的甜蜜"如果换成更直接的表达方式—"寻找自己的幸福"。—这首诗就被毁了—

诗的逻辑

以一种自由联想的方式表达情感和思绪，不一定需要严格的逻辑结构。诗歌作为一种文学形式，更注重情感表达和意境的塑造，而不是严谨的逻辑推理。在读和理解诗歌时，注重其意境和感受，而不是局限于严格的逻辑分析。每个人对诗的理解也可能有所差异，诗的解读因人而异。

Cathy Xinman 心漫

你无法扑灭一种火

你无法满足邪恶
它吃饱喝足依然饥饿
你立马要挖出我的心
尽管我离你很远
你想吞噬的心
离我很近
我生怕看清了你
我记得你也打开过
稀薄的善意
天空飞过晴朗
你的骨头突然冒出冷气
它异常颤抖
地震般与我相遇

Flowers Kiss the Volcano 花吻火山

我无法把你比作苍蝇

我无法知道还有谁会思念你

还有谁像巫婆睁着冰凉的眼睛

像妖蜂一点点靠近

在造物主的房间

还有谁能掩盖真理

还有谁能够扑灭太阳的火焰

你无法扑灭

如果水能够被你利用

它一定也是骗子

它已将你包围

写一首诗

这首诗尝试一种神秘、悬疑和紧张的氛围，引发读者对邪恶、真相和自我辨别的思考。

情感和意象经营

这首诗充满了情感和意象的运用。它表达了对邪恶力量的恐惧、对真相的追寻以及对自我保护的探索。诗中使用了一些比喻和象征，将邪恶描绘成具有贪婪、欺骗和破坏性的存在。这种描写方式赋予了诗歌独特的氛围和张力。

诗歌的语言运用充满了隐喻和意象，使诗歌富有层次感和深度。作者运用了一些视觉和感官的描写，如晴朗的天空、冷气冒出的骨头，以及水被利用的比喻，增加了诗歌的生动性和形象感。

这首诗通过对邪恶力量的描绘和对自我保护的思考，引发了读者对邪恶、真相和自我辨别的思考。诗歌通过情感和意象的共鸣，引起思索，使其具有一定的艺术价值。

Flowers Kiss the Volcano 花吻火山

无动于衷的热浪

如果你住在西岸
你一定会被热浪遇上
它把春雪看穿
将河流膨胀
把我的外衣脱去
向我的杜鹃花开火
用我的心打击

轻卷焦边的花瓣
你并未察觉
热浪住在五月
我将自己藏在家里
却失败了——

热向我发出警告，真好
高温和野火快速移动，真好
家园被迫离开，真好
空气一片糊涂，真好
我并不关注，真好
火星移居，地球到处警报
要求人类撤离
真好

Cathy Xinman 心漫

写一首诗

诗中的"热浪"是一种象征，代表着气候变化所带来的灾难性后果。它融化春雪，使河流膨胀，也脱去了诗人的外衣，象征着环境的剥夺和人类的脆弱性。同时，它还点燃了诗人内心的热情，对美好事物的保护和渴望。揭示了人们对气候变化的无视和缺乏意识。

作者以一种讽刺的口吻说，对于高温、野火以及人类被迫离开家园，作者并不关注，甚至认为这是"真好"的事情，暗示了对社会和环境问题的冷漠态度，通过诗意的语言，传递了对气候变化和自然灾害的担忧和不满，以及对人类对待环境问题的冷漠的批判。通过对气候变化的意象化描绘，表达了诗人对于当今社会对环境问题的漠视和无动于衷的担忧。呼唤重视环境保护，并采取行动来解决气候变化带来的问题。

意象和比喻

诗歌刻画了热浪对自然和个人的破坏。诗中的对比，如春雪与热浪的对立、焦边花瓣与人的无察觉、作者藏身家中但失败等，增加了诗歌的表现力。最后几句带有讥讽的语气，表达了对社会对待环境问题漠视的批判。运用意象和情感的表达，传达了诗人对气候变化和自然灾害的担忧，并以讽刺的方式呈现，诗歌的形式和语言给予了读者一种独特的感受和思考空间。

最后几句表达对于环境危机的一种冷漠和无所谓的态度，用"真好"来嘲讽对待这些问题的漠不关心。他们并不关注，直到地球到处警报，要求人类撤离。

题目

强调了人们对于热浪带来的影响和环境问题的漠不关心。凸显了人们对于高温问题的缺乏关注和对环境危机的忽视。能够传达出诗中所描绘的冷漠态度和环境问题的紧迫性，希望这个题目能够吸引注意，并引发对于环境保护和气候变化的思考。

Cathy Xinman 心漫

黑暗离谱

我们不应该讨论-
人类心灵的痛苦
水面很开阔
而你深陷黑暗里
你只想占有
连痛苦都想占有

上帝创造了白昼
毕竟太阳是真实的
你在阴影的协助下
让白天移向咒语
过瘾的夜晚黑暗离谱
一直睁着眼睛-
跟自己打仗
跟污水打仗
连露珠都不肯放过

Flowers Kiss the Volcano 花吻火山

夜晚终会结束

这本无需解释

水面很光滑——

照镜子的目的是什么？

人类不得不拥有丑恶

还有可怕的囚牢

不值得告诉你

我讨厌它们

写一首诗

　　这首诗探讨了人类内心的痛苦和困扰，通过独特的表达方式和情感抒发，呈现出对自由、希望和美好的追求，同时反映了对负面因素的反思和拒绝。这首诗具有独特的主题和情感，展现对人类心灵的深刻思考和对抗黑暗的勇气。

思考和情感

　　将人类心灵痛苦与黑暗之间的关系进行了探索和对比。运用意象和隐喻，突出黑暗与光明、困扰与解脱之间的对立。诗人对黑暗的占有欲和自我折磨进行了描绘，展现了内心的冲突和挣扎。

　　通过描述，表达了对黑暗的厌恶，希望黑暗的夜晚(象征邪恶)能够结束，水面光滑的描写则象征着希望和解脱的到来。表达了对负面因素的反思和拒绝。对人类心灵痛苦的思考以及与黑暗和痛苦的斗争。诗中通过水面的开阔和白昼的真实来对比黑暗的存在。同时，对于黑暗的占有欲和对自我折磨的描绘展现了内心的冲突和困扰。提出了照镜子的目的的疑问，暗示了对自我认知和对生活意义的探索。

谦卑的颂歌

让我用
黑云咆哮过的声音
忧伤教会的表情
祈祷
摇动你的手

我不知如何把碗还给你
把杯还给你
把盘还给你
把碟还给你
它们正在将生活包围

把这些都拿过去
你把它们都拿过去
它们满了虚空
满了缺乏
满了纷扰

告诉我如何献给你
怎样安静罢！
至于你不竭之爱
岂不把万物白白赐给了我吗
然而，我这无知的
磨砺的
缺货之虞

仰慕在心灵欢聚的最高点
我该不惜代价
不要成就我的意思
成就你的意思
使它们成为恩典
成为荣耀
告诉我如何感受
何等的资本
一切所需
让我体验谦卑
构建每日的赞美
感恩，我们又一次欢聚

Flowers Kiss the Volcano 花吻火山

读一首诗

　　这首诗尝试唤起一种平静而神圣的氛围，感受诗中的深情和意义。

Cathy Xinman 心漫

诗歌的滋养

给我贪婪地阅读
高贵的心

荨麻草、马尾草和杜鹃花
给我说你的诗歌

而我,只想保留写作
和品质

而我,不是一朵玫瑰
请不要分配给我一颗刺

确定的是,带刺的荆棘
编成了冠冕

啊,赐珠辉玉丽
给我的诗句

你也可以白白得来
我需要谦卑

读一首诗

最后一句：我需要谦卑——主语可能是上一句的主语，我与你是同一个意思，之所以改变，也许是为了这句本身的品质。在诗中，我、你、他都可能不停地在变化，我中有你，你中有我或无我，总之，诗的微妙在此回味。

这首诗尝试表达对阅读的渴望以及对写作和品质的追求，其实就是期望能够看到真诚而高贵的心灵，通过与荨麻草、马尾草和杜鹃花的对话，寻找诗歌的灵感和启示。

可能的主题和情感内核

描绘了诗人渴望高尚心灵和纯粹创作的追求，对于虚伪和权力的抗拒，以及对于珍贵诗句和谦卑态度的向往。它传达了一种对真实与谦卑的追求，以及对诗歌的价值和美的赞颂。

"给我贪婪地阅读，高贵的心"：表达对热切而渴望阅读的心态，同时希望拥有一颗高贵、纯正的内心。

"荨麻草、马尾草和杜鹃花，给我说你的诗歌"：这句话使用了自然界的植物作为象征，表示诗人希望通过与大自然对话，从中获得灵感和诗歌的启示。

"而我，只想保留写作和品质"：这句话表明希望专注于自己的创作和追求卓越的品质，而不被其他事物所干扰。

"而我,不是一朵玫瑰,请不要分配给我一颗刺":这句话暗示拒绝被赋予刺人伤害的特征,表达了对虚伪和伤害的抗拒。

这首诗表达了渴望以及对品质的追求。作者期望能看到真诚而高贵的心灵,通过与荨麻草、马尾草和杜鹃花的对话,寻找诗歌的灵感和启示。然而,不希望被赋予尖锐的刺,暗喻对虚伪和伤害的抗拒。最后,作者希望获得珍贵和优雅的诗句,同时也意识到自己需要谦卑,不沾染世俗的浮华。这首诗流露出对真实与美好的追求,同时保持了一种对自我的自省和谦卑的态度。

Flowers Kiss the Volcano 花吻火山

Cathy Xinman 心漫

重建心灵

我忍住不去湖边
让它激荡我内心的风
我知道它为我爱
我知道它任我吃喝
诗歌茁壮成长

我怎能不将你歌唱
我怎能不爱——
会说话的花草
啄草的幼鹅
守护的鹅妈妈
仰起的长颈引发一种勇气
——将我保护

我自由地离开你
悄悄地失落
从不窒息
因为你爱我

Flowers Kiss the Volcano 花吻火山

爱你如爱自己
爱诗人的忧郁
如同爱婴儿在子宫里
你摸到了吗
我明确的忧伤
成长的伤痕

很少有人给你读诗
难以理解
还有谁会容不了你
把伤对准你

谁不懂悲伤而绝望
此刻,我容不得隐晦
让我的翅膀为你行动
如果我能重建和复兴一颗心
今夜,我将叩响你的门

Cathy Xinman 心漫

读一首诗

　　强调对心灵成长和复苏的追求，将诗歌视为一种修复和启迪的力量，希望它也给读者带来了思考自我成长和内心探索的启示。**这也是心漫英文诗集《你爱自己的地方》（Where You Love Yourself)，和中文诗集《花吻太阳》的主题和意义。**

　　诗歌通过自然元素的描绘，如湖水、花草、幼鹅和鹅妈妈，以及对它们的赞美和敬爱，展现了人与自然的紧密联系。也反思了个体和社会的关系，难以理解和容忍的困境，以及对悲伤和绝望的认识。

　　以重建心灵的决心作为结尾，表达了对内心复苏和自我成长的追求。整首诗情感真挚，意境优美，给人以力量和启示。

诗的主题

　　通过诗歌和自然的力量来重建和复兴内心。诗人意识到自然的爱和诗歌的滋养对于内心的重要性，以此为基础展开了对自我和世界的思考和表达。表达对自由、爱和保护的渴望，以及对忧伤和成长的体验。最终，希望能通过自己的行动和创作，重建和复兴受伤的心灵，并寻求与他人的连接和理解。

心灵的重建和复兴

诗中通过描述与大自然的互动和观察，表达了诗人寻求内心的宁静和平衡。诗中提到的花草、幼鹅和鹅妈妈等形象，象征着纯真、守护和勇气，与诗人内心的渴望相呼应。表达了对爱的领悟，包括爱他人、爱自己和爱诗人的忧郁，这种爱能够帮助重建受伤的心灵。这首诗的主题可以理解为通过自我探索和爱的力量来重建心灵。"不是所有人都能做大事，但我们可以用大爱做小事。"

Cathy Xinman 心漫

花吻火山-你需要的诗歌探索第一本书

　　我一定会绞尽脑汁、千思万想给它取个好名字,如果我真的很在意我亲爱的读者对诗集的反应和关注。像十月怀胎,一个孩子诞生,我仿佛看到一个新的生命,来到从没到达过的宇宙。我的宝贝,我怎么称呼你才好,在你到达的途中,一种对比和冲突,柔美与力量在传达,在展示,它暗示了碰撞。一种可能非凡的情感和情绪体验,将一往无前地需要涉及到爱、破坏、激情、生命的脆弱性以及对自然界不可抗拒力量的迷恋和敬畏之情。

　　我想得太多,以致我在梦中也是醒的。名字,真的在头脑的联想和探索中得到又失去,好像生命已经迫不及待诞生,而它辉煌的名字却在一种戏剧性和撞击力十足的画面中,让我备受挫折。我在一种富有想象力和引人入胜的意象里,自我制造一种独特的情感和视觉效果。终于得到了,这个名字可以吸引读者的兴趣,并展示出诗集中可能包含的主题和意象。

　　可是不,转眼之间,这个名字又失去了它的光辉。我不得不又要绞尽脑汁,引发另一种引人入胜的对比和意象,引发读者的联想和探索,为诗集打下了独特的主题基调。自命不凡的名字自以为可以唤起读者的好奇心,激发他们去探索人类情感与自然界的相互作用,展示诗集中可能包含的矛盾和冲突,同时也揭示其中蕴含的哲理和对人类经验的思考。

想得太功利了！我无法抗拒否认我与功利的亲密关系。

可是，如果没有可以激发读者的想象力、引导他们进入一个充满张力和深度的诗歌世界的因子，不能吸引他们进入一个充满对立和奇观的诗歌探索、揭示自然界和人类心灵之间的纷争和交织，不能创造一个充满想象力和情感的空间、吸引读者去探索自然界和人类内心的奥秘，那么，诗歌几千年来揭示的自然界中存在的强大和无法预测的力量，以及人类情感与自然之间的联系和共鸣，将充满了悲伤，尽管这种伤痛又是创作的源泉。

我不得不回到我的诗集《花吻太阳》找线索。《花吻太阳》这个名字灵感来自于我的一首诗。当时，我花了六个月的时间在外面找，激发自己对于矛盾、对立和共生的思考，我也可能激烈地自我探讨了爱与毁灭、温柔与狂热、和平与动荡之间的关系，但我无法在它们暗示的奇特而激烈的情感体验中找到我满意的名字。是的，使读者进入一个充满想象力和情感张力的诗歌世界是多么不容易的事。我需要停止，我又静下心来，我承认我憋了一肚子气，我不得不回头读自己的诗，听听它们的口气。

"你怎么可以把自己忽略呢？"我在我的诗句中，仿佛在走投无路中突然看到了救命草，我听到自己诗句的委屈，那是我自己的心，我自己的血脉，我一天到晚找异想天开的名字，还一直担心找不到。

现在我可以吆喝了，你知不知道，当我想起《花吻火山》这个主意前,我还是情不自禁依着老套路走了好一阵弯路,我勇敢地对它说:"好吧,得来全白费功夫。"

"你说干吗不能取这个名字?"花还是那么温柔地问我,它柔美、生命和脆弱性,火山在旁,它力量、破坏和不可预测。

"可以。"这个名字传达了一种戏剧性奇特而令人着迷的画面,花朵与火山的对撞象征着一种冲突和和谐的共存。我得承认这一点。

我一向胆小,一想到火山和我心爱的花在一起,我就害怕,我需要有你的陪伴。咱们还是一起去看看吧。

Cathy Xinman 心漫

嗨！我一直在东张西望，花和火山在一起是怎么回事。

它们在一起可能引发读者对自然界中各种对立和平衡的思考，以及人类与自然之间微妙而复杂的关系。它可能涉及到情感的爆发和压抑、生命的脆弱和坚韧、美丽与破坏之间的对立等主题。

我用一种异样的眼光看着花和火山之间的对比，它们传递出一种独特的视觉和感性的联想。花代表着美丽、柔和和生命的脆弱性，而火山则象征着力量、破坏和激情的喷发，它们在一起探索情感和自然之间的冲突，以及人类存在于不可控制的自然力量之下的脆弱性，花看上去不像个傻瓜。

我希望它们在一起是互相吸引的，但我不知道怎样不让它们对立的本性跟我争吵，但人的情感怎能没有对比和冲突呢。我听诗歌不断揭示生命中柔弱与强大、和平与动荡之间的紧张关系，还有人类情感和自然力量之间的微妙互动，花和火山这两个截然不同的元素相互交织，将柔美的花与威力无比的火山相结合，我就想让活跃的视觉和情感联想，在一种令人惊叹的场景中显出本领。

咱们进去说吧，火山看起来像一个很不错的孩子，也许名字取错了，我希望爆发的不是火山而是诗歌。

我看了，差点儿马上就同意它们的亲吻了。如果你的好奇心和思考可以隐约地继续读下去的话。

探索对立和和谐、人类情感与自然界纠葛的主题，就如谈情感的爆发和抑制、生命的脆弱和坚韧，以及美丽和破坏之间的微妙平衡。激发读者的想象力很重要。

"让他们更深入地沉浸在诗集的世界中吧。"火山听到我说，差点笑了。我太自私了，我怕火山笑得太厉害，把岩浆的门打开了，为什么不让花儿醒着，让火山穿上睡衣裤沉睡一会。我知道它压根儿是醒的。火花一直在闪烁。

诗歌的心思一直在用，我仔细打量了一下。花吻火山，火山的脸越来越红，我不小心弄到了诗意，它四处张望，花把它们在一起的真情实况告诉了我。

如果你不介意，我得靠它们认路，花温柔得要命，火山的确也想知道，花为什么要吻它。

看来我是逃不过要找各种理由来说服自己，这以前都是我的秘密。火山的精神不错，突然间，它遇到了花的吻。

对比

　　将花和火山进行对比，创造出一种强烈的对比和冲突。这种对比可在视觉和情感上具有吸引力。

意象

　　花与火山的交融可创造惊人的场景，视觉上创造了一个鲜明的形象，引发视觉和感官体。花与火山的结合产生了视觉冲击，能够在心灵中形成生动的图像。这种引发视觉和感官体验的特点可使诗集以独特的方式与读者互动，或沉浸在诗歌的世界中。

象征意义

　　不只是字面上花与火山的结合，还具有深层的象征意义。花象征着生命、美丽和温柔，而火山则代表着力量、破坏和激情。这种象征意义使得诗集中的诗歌能够探索更广泛的主题，引发对于人类情感、自然界和生命的思考。

主题

名字中蕴含的主题，如爱与毁灭、美丽与破坏，以及生命的脆弱性，具有普遍的人类共鸣。这些主题能触及读者内心深处的情感和思考，可与读者建立起共鸣和联系。

触动情感

名字在情感上具有触动人心的力量。它将两种截然不同的元素相互交融，使人能够感受到其中蕴含的复杂情感。花的柔美和火山的威力相互结合，带来一种强烈的感官和情感的冲击，激发内心共鸣。

意义的多层性

具有丰富的意义和象征性，可引发多重解读和思考。它可以被理解为对生命与破坏、爱与危险之间关系的思考。同时，它也可以象征着勇气与挑战、创造与毁灭之间的对立。这种多层次的意义可使诗集具深度和探索性。

走到这里，花问我；"你想跳舞吗？"这几年疫情，我心情最好的时候，是花总是在等我出来，看我表演孤独与寂寞，我现在如果不同意花吻火山，肯定是出于嫉妒。花为什么要带着我的不舍去吻火山呢？

吸引力和记忆性

　　这个名字在形象和声音上可吸引人，易于记忆和联想。产生一个令人难以忘怀的形象，可使读者与之建立联系。这种吸引力和记忆性可使诗集写作及其解读在读者中留下印象，促使其对其中的诗歌和意义进行深入的思考和探索。

引发想象力和探索性

　　具有一种神秘和探索的氛围的名字，可激发读者的想象力和好奇心。它可引发一系列的问题和思考，例如花与火山之间的交互关系，以及其中可能隐藏的意义和象征。这种引发想象力和探索性的特质，能够引领人进入一个充满神秘和探索的世界，带来新的思考和体验。

语言和韵律

　　词语选择和韵律安排需具有独特性。语言构造和音韵之间需存在一种和谐和流畅感，使它在口头传播和朗读时具有特别的效果。这种独特的语言和韵律能够吸引读者的注意力，并可在他们阅读诗集时创造出一种独特的声音和节奏。

　　"这看起来有点牵强附会，不过为了你诗歌的缘故，我想继续读下去。"我对花和火山说，现在它们自顾自地走，没有回答我。我很高兴它们不在意我在说什么。

Flowers Kiss the Volcano 花吻火山

矛盾与融合

  矛盾元素呈现了一种意想不到的融合。花代表着美丽、柔软和生命的脆弱性，而火山象征着力量、破坏和不可预测性。这两个截然不同的元素在题目中交融在一起，创造了一种意义上的矛盾。这种矛盾可使诗集充满张力和对立，引发读者对于这种奇特结合的思考和解读。

自然与人类的关系

  花和火山都是自然界中的元素，它们代表了自然的力量和存在，探讨了自然与人类之间的关系，暗示了人类对自然的渴望和探索，以及两者之间可能存在的和谐或冲突。这种关系的探讨可使诗集具有生态意识和环境关怀，引发读者对于自然与人类互动的思考和反思。

创新与创造力

将两个不同的元素结合在一起，本身具有一种创新和独创的性质，创造出一种新颖的形象和意象，这种创新性反映了诗集作者的创造力和独特的艺术表达方式。这种创新性不仅体现在题目的选择上，也贯穿于整个诗集的创作风格和主题探索中。

对比与平衡

对比元素呈现了一种平衡和和谐的关系。花代表着柔美、温暖和生命的绽放，而火山则象征着炽热、力量和毁灭的威力。这种对比在题目中相互呼应，创造出一种平衡的感觉。这种平衡性使得诗集能够在表达情感和主题时保持稳定，并为读者提供一种令人愉悦且有力量的阅读体验。

异化与惊喜

异化元素给人一种意外和惊喜的感觉。花与火山这样截然不同的元素的结合是一种出人意料的组合，可激发读者的好奇心和想象力。这种异化和惊喜使诗集具有独特的魅力，使读者对其中的诗歌和主题充满期待，期待在阅读过程中发现更多的惊喜和启发。

感性与象征

　　花和火山都具有深刻的感性和象征性。花朵可以象征着生命、美丽和脆弱，而火山则可以象征着力量、破坏和不可控制的情感。这种感性和象征性使得诗集具有强烈的情感共鸣和深层次的意义，读者可以通过其中的诗歌与作者一同感受和探索这些象征和情感。

　　"我不知道你在谈些什么，一会儿谈这，一会儿谈那。"但我看到花好像兴奋得不得了，欢乐着。三年大流行大疫情才宣布结束，周围一个人也没有，我不能让它被火山迷上了，我得往回走。我得让它引我，我们已经打开了一个充满奇思妙想的意象，我不知道还能蕴藏什么更深层的意义，在这个神秘而矛盾的世界。我想着想着温柔的花带我去探索自然界和人类内心的奥秘，我就会天真地写啊写啊。

　　我不住地幻想在人类与自然之间微妙而复杂的关系中，依靠与自然界中的力量和美丽，创造一个个令人着迷的意象。

　　我们来到一扇通向深思和想象的门，独特而丰富的诗歌体验，将会以独特的方式描绘，去探索生命的奥秘和神秘。我们一路走去，人类的情感，一点儿也不假。

我要非常感谢你，我的感谢感谢感谢，巨大的感谢，请接受，让我荣幸称之为读者朋友的每一位。感谢每一位。

"等火山睡着了再说，"花温柔地说。

"不，现在是最好读诗写诗的时候。"火山又把诗歌放到了我手里。

感谢您所有的激励与赞誉。感恩所有的朋友，感谢推荐、阅读我诗集的给我荣耀给我支持的每一位，感谢给我力量，感谢带来的光与希望，这些将在我的心里诗歌里永恒。

感谢 Thanks

Thank you for reading this book.

Hope you enjoyed it.

More of my work can be found at

www.cathyxinman.com

Please feel free to write to me via

Email: xinmancathy@gmail.com

WeChat: Xinman1225

感谢阅读

作者联系方式

邮箱：xinmancathy@gmail.com

微信：Xinman1225

Cathy Xinman 心漫

作者简介

心漫(Cathy Xinman)，几十年为诗所牵挂，爱诗写诗从小开始。深受聂鲁达诗意象影响。双语诗人。旅居北美。致力于自然、爱、永恒等主题。她的诗歌拥有广泛的读者，她也是诗作被媒体采用最广的华语诗人之一。诗集《花吻太阳》、英文诗集《你爱自己的地方》（Where You Love Yourself）等已在德国、瑞士、美国、加拿大等大型实体书店和全球网上。网上搜 Cathy Xinman，可看到更多她的诗和书。

About the Author

Cathy Xinman has been attached to poetry for decades with a love for writing and an affinity for poetic expression. As a bilingual poet, most of her works take nature, love, and eternity as the eternal theme, deeply influenced by Neruda's poetic imagery. Her poetry has garnered a wide readership, making her poems widely adopted by the media. Currently living in North America, she is also the poetry book author of Where You Love Yourself and Flowers Kiss the Sun.

www.ingramcontent.com/pod-product-compliance
Lightning Source LLC
Chambersburg PA
CBHW031102080526
44587CB00011B/788